Ignaz v. Kleinmayr

Österreich-Ungarn in einem Krieg gegen Russland

Politisch-militärisch-geographische Studie

Ignaz v. Kleinmayr

Österreich-Ungarn in einem Krieg gegen Russland
Politisch-militärisch-geographische Studie

ISBN/EAN: 9783742865441

Hergestellt in Europa, USA, Kanada, Australien, Japan

Cover: Foto ©Suzi / pixelio.de

Ignaz v. Kleinmayr

Österreich-Ungarn in einem Krieg gegen Russland

Oesterreich-Ungarn

in einem

Kriege gegen Russland.

Politisch - militär. - geograph. Studie.

Laibach.

Verlag von Ign. v. Kleinmayr & Fed. Bamberg.

1871.

Vorwort.

Es wäre überflüssig beweisen zu wollen, von welcher Bedeutung die genaue Kenntniss des Kriegsschauplatzes für jede operirende Armee ist; es genügt schon darauf hinzuweisen, welche grosse Aufmerksamkeit diesem Gegenstande stets von einer Armee zugewendet wird, der es in weniger als einem Jahrzehent gelungen ist, die grossartigsten militärischen Leistungen aller Zeiten zu überbieten. Allerdings wird jene vorbereitende Thätigkeit, welche wir die preussische Armee vor jedem ihrer Feldzüge entwickeln sehen, durch eine klare, nach festen Zielen strebende Politik wesentlich unterstützt; nach jedem beendeten Kriege sind Staats - und Heeresleitung nahezu auch schon über den nächsten einig. In einem Staate von so aggressiver Politik kann die gesammte Kraft desselben weit leichter in Eine Richtung gelenkt werden, als in einem anderen, der, das Spiel widersprechender Einflüsse, durch Staatsmänner von zweifelhaften Talenten geleitet, eben so viele habsüchtige Feinde an seinen Grenzen zählt, als Nachbarn.

Die Schwierigkeiten nun, die sich mir boten, als mir die Aufgabe ward, eine Reihe über die gegenwärtigen militärischen Verhältnisse Russlands gehaltener Vorträge durch eine militärisch-geographische Darstellung des zu beiden Seiten der Karpathen liegenden Ländergebietes zu ergänzen; der mir dadurch erst recht bewusst gewordene Mangel an den entsprechenden Behelfen, aus welchen man die nothwendigen Daten schöpfen kann; endlich die oft sich widersprechenden Meinungen, welche erst, nach Zulässigkeit der Verhältnisse, richtig gestellt werden mussten: bildeten die nächste Veranlassung zur Veröffentlichung dieser Arbeit. Sie soll den Kameraden der Armee ein geographisches Bild jenes Raumes bieten, auf dem ein militärischer Conflict zwischen Oesterreich und Russland voraussichtlich zum Austrage kommen dürfte; sie soll endlich die Reihe der in jüngster Zeit erschienenen Schriften ergänzen, welche russische Verhältnisse behandeln, dadurch einerseits eine Anleitung zum Studium, andererseits eine Anregung für bessere Kräfte sein, diese Arbeit zu ergänzen und zu verbessern.

Das vorliegende Werkchen ist zumeist aus einer Sammlung von diesbezüglichen Notizen entstanden, welche ich, als Lehrer an einer militärischen Bildungsanstalt in Verwendung stehend, zusammengetragen hatte. Diese allmälige Entstehung des Ganzen macht es mir nicht mehr ganz möglich, bei der grossen Anzahl von Quellen jetzt noch alle benennen zu können, aus denen ich geschöpft habe; ich muss mich beinahe mit der Erklärung begnügen, dass nur Form und Einkleidung des Buches als mein eigenes Werk angesehen werden darf, ich aber den Inhalt aus anerkannt guten Werken zu entnehmen bemüht war, welch' letztere der Leser nach Möglichkeit unten angeführt findet. Wenn demungeachtet in die zahlreichen Details sich Fehler eingeschlichen haben sollten, so vertraue ich hiefür, unter Hinweis auf die oben angeführten erschwerenden Umstände, auf eine nachsichtsvolle Beurtheilung.

————

Benützte Quellen:

Theorie des grossen Krieges, angewendet auf den Feldzug 1831, von Willisen;

Feldzug in Ungarn und Siebenbürgen im Sommer des Jahres 1849;

Feldzug 1812, von Bogdanowitsch;

Archiv für wissenschaftliche Kunde von Russland, von Erman;

Clausewitz' *russischer Feldzug 1812;*

Militärgeographie Mitteleuropa's, von Gemmingen v. Massenbach;

Erdkunde, von Klöden;

Geographie und Statistik, von Wappäus;

Militärische Länderbeschreibung, von Roon,

u. a. m.

Von der Beigabe einer Karte, so wünschenswerth sie wäre, musste abgesehen werden, um das Buch nicht unverhältnissmässig zu vertheuern. Es wurde jedoch bei der Bearbeitung des vorliegenden Werkchens möglichst darauf Rücksicht genommen, die aufgenommenen geographischen Details den Kartenwerken von Scheda (Karte von Europa) und Stieler (grosse Ausgabe) anzupassen.

Wenn ich zum Schlusse einen Wunsch aussprechen darf, so ist es der, dass der Erfolg dieser Arbeit mit der Absicht, damit wirklich zu nützen, im Einklange stehe.

Der Verfasser.

Einleitung.

Die Eventualität eines Krieges mit Russland wird so vielfach in Schrift und Wort besprochen, dass es sich wohl der Mühe lohnt, die Ursachen zu ergründen, welche eine so allgemein verbreitete Ansicht hervorgebracht haben. Als das geeignetste Mittel hiezu erscheint das Studium der Geschichte, welche uns das richtige Erkennen der Situation und das Erfassen der jeweilig leitenden Ideen der angrenzenden Staaten lehrt. Bei der Tendenz dieser Schrift kann von einer vollständigen, erschöpfenden Ausbeutung des historischen Materials keine Rede sein; es dünkt uns auch für genügend, wenn wir in aphoristischer Weise jene Perioden der neuesten Geschichte Russlands zur Darstellung bringen, welche einen besonderen Einfluss auf die gegenwärtige Gestaltung des genannten Nachbarstaates ausgeübt und ihn in jene Bahnen gelenkt haben, in welchen gegenwärtig sein politisches Leben sich bewegt und zur Aeusserung gelangt.

Am 2. März 1855 starb Kaiser Nikolaus. Er hatte nicht das Weiche und Kosmopolitische, aber auch nicht das Schwankende und Unentschlossene seines Vorgängers Alexander. Die Principien seiner Regierungsform basirten auf der unumschränkten Regierung im Innern, auf der Niederhaltung eines jeden fremden Willens, Absperrung des Landes gegen europäische Kultur (damit in Verbindung stehend das Verbot gegen die Vervollkommnung des Eisenbahnwesens), Vergrösserung und Ausbildung der Militärmacht (natürlich mit Beibehaltung der, jede moderne Armeeorganisation unmöglich machenden Leibeigenschaft), Losreissung von dem Bevormundungssysteme Metternichs und überwiegende Geltendmachung des russischen Einflusses in allen auswärtigen Fragen. Sein Wille war bis nahe zu seinem Ende für Russland und einen grossen Theil des Continentes massgebend; seine Einmischungen in die Angelegenheiten der griechischen Revolution, die Türkenkriege 1828 — 1829, die Vernichtung der polnischen Selbstständigkeit 1831, seine Hilfeleistung in Ungarn 1849 u. s. w. hatten gewiss nicht seinem Ansehen als Autokraten geschadet. Seine Regierung ist für das russische Volk die Periode des furchtsamen Autoritätsglaubens und der stummen Unterwürfigkeit.

Bei diesem Zustande der Dinge ist es selbstverständlich, dass im damaligen Russland von einer Parteibildung, von einem politischen Leben im Volke nach westeuropäischen Begriffen nicht die Rede sein konnte, und dass Diejenigen, welche mit dem bestehenden Systeme unzufrieden waren, ihre Anschauungen geheim hielten oder nur im vertrautesten Kreise zur Sprache brachten. Am bedeutendsten war noch das geistige Leben unter den in jeder Hinsicht gemassregelten Studenten der Moskauer Universität, und es liessen sich schon um die Mitte der dreissiger Jahre unter ihnen zwei Gruppen unterscheiden: Die *Slavophilen*, die jungen Schüler der Schelling'schen Philosophie und Romantiker, welche die nationale Entwicklung um jeden Preis anstrebten; sie repräsentirten die innerliche Seite der slavischen Nationalbestrebungen, und es war ihnen vor Allem darum zu thun, das seit Peter d. G. mit fremden Elementen zersetzte russische Volksleben von diesen zu reinigen und zu den verlassenen antik-byzantinischen Bildungs- und Glaubensgrundlagen zurückzukehren. Hand in Hand mit ihrer demokratischen Richtung ging ihre Anhänglichkeit für die griechisch-orthodoxe Kirche und die byzantinische Theologie. Sie liessen sich nicht daran genügen, in politischen Fragen slavisch zu sein; ihre Doctrin involvirte eine ganz bestimmte specifisch slavische Weltanschauung. Im Gegensatz zu diesen standen die *socialistischen Glieder* dieser Universität, welche, von französischen Vorbildern ausgehend, für die Verwirklichung der nationalen Aufgabe den Zusammenschluss aller slavischen Stämme zu einer socialistischen Föderativ-Republik, die Begründung eines panslavistischen Weltreiches für genügend hielten. *

---

* Eckardt: „Jung-Russisch und Alt-Livländisch".

So sehr sich alle der Regierung näher stehenden Personen
bei Ausbruch des orientalischen Krieges, der gewiss ein nationaler
genannt werden konnte, beeifert hatten, das Gefühl der Ueber-
legenheit und Siegeszuversicht zur Schau zu tragen und dadurch
dem Kaiser sich wohlgefällig zu erweisen: in demselben Masse
machte, nach den unglücklichen Schlachten von Inkermann und
an der Alma, der Abfall vom bestehenden Systeme, trotz aller
beschönigenden Artikel des „Invaliden," reissenden Fortschritt. Den
Hauptantheil an dem entstehenden Umschwunge der Meinungen
im gebildeteren Theile des russischen Volkes hatte, wenn man von
der mittlerweile entstandenen Handschriftenliteratur in Moskau
und anderen Gouvernementsstädten absieht, die vom russischen
Emigranten *Alexander Herzen,** dem Führer der russischen So-
cialisten, in London gegründete Zeitung „Die Glocke", welche,
trotz aller von der Regierung dagegen unternommenen Massregeln,
in Tausenden von Exemplaren im Lande circulirte und in einer
für die damaligen Verhältnisse unerhörten Weise gegen die Fehler
der Regierung zu Felde zog und die von der Kriegsverwaltung
verschwiegenen oder absichtlich entstellten Nachrichten vom Kriegsschauplatze, ihrem wahren Werthe nach, dem Publicum zur Kenntniss brachte.

Das brechende Auge des alternden Kaisers sah noch den beginnenden Zerfall seines selbstgeschaffenen Gebäudes. Sein Nachfolger
war der mildere, humanere, fremden Anschauungen zugängliche
Kaiser Alexander II., der jetzt regierende Beherrscher aller Reussen.

Der Krimkrieg, in allen seinen Folgen so nachtheilig für
Russland, musste natürlich nach der Thronbesteigung des neuen
Herrschers noch eine Zeitlang fortgeführt werden, um die Ehre
der russischen Armee zu retten und das Volk in der Ueberzeugung zu festigen, dass der neue Herrscher nicht minder energisch
und muthig sei, als sein Vater. Da es jedoch genug der denken-

---

* Der uneheliche Sohn eines russischen Aristokraten. Als die Po-
lizei gegen die philosophirenden und politisirenden Moskauer Studenten ein-
schritt, wurde er in die Verbannung geschickt. Nach seiner Rückkehr ge-
nügten einige dem Kaiser hinterbrachte harmlose Aeusserungen, um Herzen
neuerdings zu exiliren. Später ging er gram- und hasserfüllten Herzens
nach Italien, England und Frankreich und trat dort mit den Führern der
socialistischen Partei in enge Verbindung.

den Leute in Russland gab, welche, trotz des gerechten patriotischen Schmerzes, schon bei Lebzeiten Nikolaus' aus den Siegen
der Alliirten die Niederlage des alten Systems folgerten, so wurden
die Schläge des Sommers und Herbstes 1855 weniger schmerzlich
empfunden, als man es gewöhnlich anzunehmen geneigt ist. —
Der Krieg endete mit dem am 30. März 1856 geschlossenen
Pariser Frieden. Russland bekam wohl Sebastopol, und was es
sonst noch verloren hatte, zurück, musste aber die in Kleinasien
eroberte Festung Kars herausgeben, einen kleinen Landstrich an
der Donaumündung an die Türkei abtreten und dem Protectorate
über die Donaufürstenthümer und die griechischen Christen in der
Türkei entsagen. Es sollte am schwarzen Meere keine Arsenale
mehr errichten und nicht mehr Kriegsschiffe halten, als die Türkei.
Die Donauschifffahrt wurde für frei erklärt, die Integrität der
Pforte bestätigt und das Schicksal der dortigen Christen, deren
Gleichberechtigung mit den Türken bereits verkündet war, unter
den Schutz sämmtlicher Grossmächte gestellt. Durch diese Frie-
densbestimmungen sollte Russland die Macht und die Gelegenheit,
in die inneren Angelegenheiten der Türkei sich einzumischen, be-
nommen werden. Wenn auch der Glaube an seine unerschöpflichen
Hilfsquellen, an seine Unüberwindlichkeit, wie ihn Nikolaus zu
verbreiten wusste, dahin war, so war es doch anzuzweifeln, ob der
Pariser Vertrag geeignet sei, die dem jetzigen russischen Ge-
schlechte überkommenen Traditionen, die nach Konstantinopel weisen, zu ersticken oder unschädlich zu machen.

Alexander kündigte sich zunächst als der Förderer der Civilisation und Cultur an. Die inneren Zustände des Landes suchte
Alexander dadurch zu heben, dass er unter der Menge von unsin-
nigen Verordnungen seines Vorgängers tüchtig aufräumte. Durch
Verbesserung des Unterrichtswesens; durch die Aufhebung des
Gesetzes, welches die Lehr- und Lernfreiheit auf den Universitä-
ten so sehr einschränkte; durch den Bau von Strassen und Eisenbahnen; durch die Abschaffung der hohen Gebühren für Pässe
ins Ausland; durch die Schliessung von günstigen Handelsverträ-
gen; endlich durch Concessionirung neuer Zeitschriften und Jour-
nale suchte der neue Herrscher die dem Lande geschlagenen Wun-
den zu heilen und Russland der asiatischen Formen immer mehr
zu entkleiden.

Als die grosse Menge im Volke sah, dass selbst der neue Kaiser in mancher Richtung mit den Massregeln seines Vaters gebrochen habe und sich liberalen Institutionen zuneige; als die Publicistik, an deren Spitze Alexander Herzen mit ausserordentlichem Erfolge thätig war, die durch die unglückseligen Ereignisse des orientalischen Krieges genügend vorbereitete Stimmung des Volkes zur Verachtung aller überkommenen Formen und Autoritäten anspornte, ohne jedoch etwas Neues an deren Platz zu setzen: da trat an die Stelle des früheren sklavischen Autoritätsglaubens eine progressiv zunehmende Geringschätzung aller Autoritäten und Traditionen, die selbst in die Armee und Bureaukratie Eingang fand. Am Ausgange der 50er Jahre war das alte System in voller Auflösung; die Regierung stand einem wild entfesselten Strome gegenüber, zu dessen Bändigung ihr die Mittel fehlten.

Um Herzens Alleinherrschaft auf publicistischem Felde ein Gegengewicht zu schaffen, wurde, wie oben erwähnt, die Concessionirung zur Gründung von Journalen und Zeitschriften bereitwilligst ertheilt. Westeuropa, für Russland durch das Fallen der Abschliessungs-Schranken sozusagen neu erschlossen, lieferte der, meist Herzens Richtung folgenden Journalistik, ein weites Feld der Thätigkeit. Uebrigens hatten alle Parteien, die eigentliche aristokratische vielleicht ausgenommen, zu Ende der fünfziger Jahre ihre journalistische Vertretung. — Nächst dem Jagen nach liberalen und radicalen Utopien, erstand aber auch eine praktischere und zeitgemässere Agitation für die Hebung des grenzenlos verwahrlosten Volksunterrichtes.

Alexanders bedeutendste That, zu der nicht weniger Muth als Einsicht und guter Wille gehörte, ist die Aufhebung der Leibeigenschaft, in welcher 23 Millionen Menschen lebten. — Der Gedanke an die Abschaffung dieses so nachträglichen Institutes ist schon von Kaiser Nikolaus gefasst worden. Die Vorschläge der zur Vorberathung über den Umgestaltungs-Modus der bestehenden Agrarverhältnisse in den Jahren 1826, 1836 und 1839 eingesetzten geheimen Comités scheiterten jedoch seit dem Revolutionsjahre an dem Widerwillen des Kaisers gegen eingreifende Aenderungen der bestehenden socialen Verhältnisse, welcher selbst die Rücksichten für das Wohl und Gedeihen der Armee, welches doch dem Kaiser am meisten am Herzen lag, überwog. — Die officiellen

Verhandlungen über diese Frage begannen unter Alexander II. im Jahre 1857 und erhielten ihren Abschluss durch das Gesetz vom 19. Februar 1861, welcher Tag einen der wichtigsten Abschnitte der neuesten Geschichte Russlands bezeichnet. Die leibeigenen Bauern sollten von den Grundherren ein bestimmtes Gehöfte erhalten und in einer bestimmten Frist von Jahren durch eine Art Ablösung, die in Geld oder anderen Leistungen bestehen sollte, dieses als Eigenthum erhalten, während solche Leibeigene, welche Gewerbe treiben und häusliche Dienste besorgen, innerhalb zweier Jahre ihrer Verpflichtungen gegen die bisherigen Herren entledigt sein sollten. Alexander ging mit einem guten Beispiele voran, erklärte alle Leibeigenen des kaiserlichen Hauses für frei und überliess ihnen die von ihnen bebauten Güter unentgeltlich. Weder der Widerstand des in seiner Macht bedrohten Adels, noch Aufstände von Bauern (hervorgerufen durch Agitatoren der durch die Aufhebung der Leibeigenschaft in ihren Rechten geschmälerten Adelspartei), die es noch praktischer fanden, die Güter ohne Ablösung zu erhalten, konnten den Kaiser in der Ausführung seines civilisatorischen Berufes aufhalten. Leider hat die unglückselige Politik im Innern, die später näher erörtert werden wird, einen nachtheiligen Einfluss auf das Gedeihen dieser hochherzigen That genommen. Zufolge des Institutes des ungetrennten Gemeindebesitzes und der solidarischen Haftung aller Glieder der Gemeinde, ist es gegenwärtig im nördlichen Russland bereits so weit gekommen, dass sich nur mit Mühe Leute zur Bewirthschaftung leer gewordener Gründe finden lassen.

Am 7. September 1862 wurde zu Nowgorod das tausendjährige Jubiläum der Begründung des russischen Reiches gefeiert. Die überschwänglichen Hoffnungen, die an diese Jubelfeier geknüpft worden waren, wurden zwar nicht vollständig erfüllt, doch war dieser Tag der Ausgangspunkt einer weiteren Reihe von Reformen, deren Tragweite von hoher Bedeutung ist, und unter welchen die Umgestaltung der Rechtspflege nach europäischem Muster (Unabhängigkeit der Justiz von der Verwaltung, Oeffentlichkeit und Mündlichkeit der Verhandlungen, Einführung der Jury in Strafsachen, Aufhebung der privilegirten Gerichtsstände etc.) und eine neue, auf Selbstverwaltung basirende Provinzial- und Kreisordnung besonders angeführt zu werden verdienen.

Mitten in diese und andere Reformbewegungen fiel im Jahre 1863 ein neuer Aufstand der Polen, obgleich ihnen Alexander die Autonomie des Königreiches trotz der in Warschau fortdauernden Unruhen gewährleistet und sowohl auf materiellem als geistigem Gebiete bedeutende Erleichterungen gewährt und andere in Aussicht gestellt hatte.

Die russische liberale Gesellschaft, zumeist eine Nachbeterin der Herzen'schen Lehren, war polenfreundlich gesinnt. Man hatte gemeinschaftlich mit den Polen unter dem Drucke der alten Aera geseufzt und wusste sich durch gemeinsame Wünsche und Interessen mit einander verbunden. Merkwürdig, und nur durch die Unreife und Unselbstständigkeit der russischen Gesellschaft erklärlich, ist der plötzliche Meinungsumschwung, der, nur zumeist von einem einfachen Privatmann hervorgerufen, dasselbe verdammte, wofür er früher in Schwärmerei sich erschöpft hatte. Derselbe Mann, welcher schon im Jahre 1862 den Muth gehabt hatte, den gewaltigen Publicisten zu London und dessen Anhang der Schuld an den in Petersburg vorgefallenen Unruhen, sowie an der Verbreitung falscher Anschauungen im Volke zu zeihen, derselbe Mann, „*Michael Katkow*, der inzwischen die Redaction der „Moskauer „Zeitung" übernommen hatte, erklärte in männlichem und ent-„schiedenem Tone, dass die Zeiten vorüber seien, in denen Russ-„land ungestraft mit liberalen und kosmopolitischen Ideen sein „Spiel treiben durfte, dass Angesichts der dem Staate plötzlich er-„wachsenen Gefahr Alles zum Verbrechen geworden sei, was dieser „Gefahr Vorschub leiste, und dass der russische Patriot nur noch „eine Pflicht habe, die Rebellen, welche die Reichseinheit gefähr-„deten, unbarmherzig zu Boden zu schlagen, das Vaterland zu „retten. Lang genug habe man dem Treiben der Rebellen an der „Weichsel langmüthig zugesehen und liberalen Utopien zu Liebe „den strafenden Arm zurückgehalten; eine Freiheit ohne Vater-„land sei ein leeres Phantom, Selbsterhaltung die erste Pflicht „jedes Staates und jeder Nation. Es handle sich nicht um ein „Mehr oder Minder von liberalen Concessionen an die Polen, son-„dern darum, ob Russland hinter die Weichsel zurückgeworfen „werden und den Besitz des wichtigsten Grenzlandes aufgeben „solle, das 70 Jahre lang unbestritten russisches Eigenthum ge-„wesen, oder ob der russische Staat sein Recht und sein Eigen-

„thum zu behaupten im Stande sei. Dieser Staat sei eine Reali-
„tät, die sich durch anderthalb Jahrhunderte mühsam aufgebaut
„und in die Reihe der europäischen Grossmächte gestellt habe,
„die Aufrechterhaltung dieses Staates sei die Grundlage und Vor-
„aussetzung aller liberalen russischen Zukunftspläne. Es sei thöricht,
„von der künftigen Weltherrschaft des Slaventhums zu reden und
„zugleich den Staat in Trümmer zu schlagen, der allein die sla-
„vische Idee personificire. Den Namen eines Patrioten werde hin-
„fort nur noch verdienen, wer diese Realität anerkenne, ihr alle
„seine Kräfte widme und bis zur Sicherung der Staatsgrenzen auf
„alle persönlichen Wünsche und Partei-Programme verzichte. Nur
„thörichte Sentimentalität könne in den Polen etwas Anderes als
„Feinde der russischen Staatsidee sehen, nur verbrecherischer
„Wahnsinn von Rechten reden, welche dem russischen Staats-
„interesse zuwiderliefen. Jetzt zeige sich's, wie strafbar und ge-
„fährlich die von den Londoner Emigranten geschürte Agitation
„von Hause aus gewesen sei, denn diese Männer, die sich in die
„Toga des Patriotismus gehüllt und dem russischen Volke von
„seinen angebornen Rechten geredet hätten, seien die Verbündeten
„der russenfeindlichen Revolution an der Weichsel und klatschten
„den Banditen Beifall zu, welche sich im Blute russischer Sol-
„daten badeten. Wer noch einen Funken patriotischen Ehrgefühls
„in sich habe, müsse mit diesen Verräthern für immer brechen
„und das Schwert erst wieder in die Scheide stecken, wenn der
„letzte rebellische Pole am Boden liege." *

Katkow fand an den Ereignissen eine unerwartete Unterstützung, die er auch weidlich auszubeuten verstand. Der Aufstand
in Polen griff nach Litthauen hinüber, und schon im Februar 1863
war dieses Land in vollem Aufruhr. — Litthauen, bis zur Mitte
des 16. Jahrhunderts unter russischer Oberherrschaft, wurde, nach
seiner Vereinigung mit der polnischen Republik, polonisirt und
zum grössten Theile katholisirt. „Wiederherstellung des russischen
„Charakters der litthauischen und weissrussischen Länder, Wieder-
„herstellung der alten Volksfreiheit, welche einst in diesen Län-
„dern geherrscht hatte", war das Schlagwort, mit welchem Katkow
die verschiedenen Parteien: die Demokraten, Slavophilen und Pan-

---

* Eckardt: „Jung-Russisch und Alt-Lievländisch."

slavisten köderte. Als auch noch die Gefahr eines Krieges mit den zu Gunsten Poleus intervenirenden Westmächten auftrat, so war es vollends mit den Sympathien für die polnische Sache aus und es trat eine fanatische Begeisterung für das Gegentheil ein.

Die Regierung verstand es, sich den plötzlichen Umschwung der Meinungen zu Nutzen zu machen und ihre früheren Widersacher, besonders den Adel, als Werkzeuge zur Niederwerfung der empörten Provinzen zu gebrauchen. Männer, die als Anhänger des alten Regimes und als Feinde jeder freiheitlichen Regung bekannt waren (wie Murawiew), wurden mit der Niederwerfung des Aufstandes in Litthauen und Polen beauftragt. „So unfähig man zu „Moskau und Petersburg in den Jahren 1859—61 gewesen war, „Freiheit und Anarchie von einander zu unterscheiden, so unfähig „war man jetzt, das Recht staatlicher Selbsterhaltung von der „rohesten Barbarei, der Niedertretung aller Menschenrechte zu „unterscheiden."

Die Verfolgung der Adeligen und der Priester — des einzigen gebildeten Elementes — als Fremde in ihrer eigenen Heimat; das Verbot, sich der polnischen Sprache und der lateinischen Buchstaben zu bedienen; die Schliessung von zahlreichen katholischen Kirchen; die Beschützung der die herrschaftlichen Güter plündernden und verwüstenden Bauern; die später gegebenen Gesetze, welche allen am Aufstande betheiligten Personen den Verkauf ihrer Güter in kürzester Frist befahl und den Personen polnischer Abkunft und katholischer Religion den Ankauf von liegenden Gütern in den Generalgouvernements Kiew und Wilna verbot u. s. w., waren Massregeln, welche von der russischen Presse bejubelt wurden. Man war in ein Stadium getreten, wo jede Auflehnung gegen die Vernichtung der Polen, der Demokratisirung und Russificirung der Grenzländer, als Landesverrath angesehen wurde.

Eine weitere Massregel der Regierung, um den Einfluss des polnischen Adels auf die litthauische und weissrussische Landesbevölkerung zu brechen, war die Art und Weise, wie die Auseinandersetzungen zwischen den Gutsbesitzern und den aus dem Leibeigenschaftszustande befreiten litthauischen und weissrussischen Bauern ihrem Abschlusse zugeführt wurden. Die zu zahlenden Ablösungssummen wurden so nieder gesetzt, dass die Bauern ihr

Land beinahe zum Geschenk erhielten; ausserdem wurden die er-
legten Beträge nur jenen Gutsbesitzern ausbezahlt, welche sich
am Aufstande nicht betheiligt hatten. Dass diese, jedem Rechts-
gefühle Hohn sprechenden Massnahmen den Ruin der meisten
Edelleute herbeiführten, ist ebenso begreiflich, als der Jubel, in
welchen die russische Demokratie ob dieser Ungerechtigkeiten
ausbrach.

„Regierung und Volk Russlands erklärten frei und öffentlich,
„dass sie die aus polnischen Elementen bestehenden höheren Klassen
„von der Erde Litthauens und Weiss-Russlands verdrängen und
„alles politische Gewicht in die niederen Klassen verlegen wollten.“
— Nicht besser ging es in dem eigentlichen Polen. Auch hier
sollte das ganze politische Gewicht in die niederen Volksklassen
gelegt werden, man wollte diese russificiren und von ihrer Religion abwendig machen, und dadurch den durch ein parteiisches
Ablösungsgesetz ruinirten Adel und die ihrer Güter beraubte Geist-
lichkeit unschädlich machen.

Seitdem die russische Regierung zur Unterdrückung des polnischen Aufstandes sich der demokratisch-nationalen Partei be-
dient hatte, ist sie von ihr abhängig. Katkow übte einen Einfluss,
wie er noch nie dagewesen. Die Regierung wollte bei der Russificirung Litthauens und Polens stehen bleiben und die übrigen
nichtrussischen Provinzen in Ruhe und Frieden lassen. Allein
Katkow, der eigentlich nie Demokrat war, für den aber die uni-
forme Gleichheit des Staates das höchste anzustrebende Princip
ist, forderte (und in dieser Richtung stimmte er mit den russischen Demokraten überein) die Russificirung der deutschen Bewohner Liv-, Est- und Kurlands und der Schweden Finnlands,
und anderseits die Verlegung des politischen Gewichtes in die
niederen Klassen und Ausrottung des Adels.

Was Katkow im Namen der uniformen Gleichheit, der
Staatsgleichheit verlangt, verlangten die Andern im Namen der
demokratischen Idee. Da sie sich brauchen, so sind sie auch jederzeit zu gegenseitigen Zugeständnissen bereit. Die conservative
Partei, welche die Gräuelthaten und die verübten Ungerechtigkeiten verabscheute und die Gefahr für den russischen Adel er-
kannte, ist zu schwach, um den von Moskau ausgeübten Terro-
rismus aufzuhalten. Verschiedene Versuche zur Einschränkung

der absoluten Gewalt und zur Beschaffung wirklicher Garantien
für Recht und Eigenthum des Individuums dienten dazu, den
Einfluss der demokratisch - bureaukratischen Partei zu verstärken
und die Regierung in der Ansicht zu festigen, in dieser Partei
die zuverlässigste Stütze des Absolutismus, und im Adel die gefährlichste Feindin zu erblicken. Das am 4. April 1866 von
einem fanatisirten Socialdemokraten extremster Qualität an dem
Kaiser verübte Attentat hatte wohl eine vorübergehende Sinnes-
änderung der Regierung zur Folge: sie erklärte, sich auf den Adel
und die conservative Partei stützen und Recht und Eigenthum
schützen zu wollen, und besetzte die wichtigsten und einfluss-
reichsten Stellen mit Männern dieser Partei. Eine Reihe von
weiteren Massnahmen schien die Aufrichtigkeit der Regierung zu
bestätigen.

Da fiel die den Entschliessungen des Mai-Manifestes gerade
widersprechende Ernennung des Geheimrathes Miljutin, der früher
die Umgestaltung Polens in der bekannten Weise vornahm, zum
Minister-Staatssekretär für das Königreich Polen. Damit war dem
Gedanken Ausdruck gegeben: im eigentlichen Russland an der
conservativen Grundlage des Staatslebens festhalten zu wollen, in
den westlichen Grenzländern aber wie vorher zu russificiren. Jeder
vernünftig denkende Mensch musste sich von der Unhaltbarkeit
dieses Systems überzeugen; die beiden Parteien, die sich gegen-
seitig anfeindeten, suchten die Entscheidung zu Gunsten ihrer
Partei herbeizuführen; der Sieg fiel der demokratisch-socialistischen
und streng nationalen Idee zu. „Die Regierung konnte und kann
„noch gegenwärtig von den Consequenzen ihrer eigenen Handlun-
„gen nicht loskommen. Wohl wird nach wie vor der Versuch
„gemacht, in reformatorischer Weise vorzugehen, die Uebel, an
„denen Volk, Staat und Kirche kranken, auszurotten, aber die
„Rücksicht darauf, dass das *gegenwärtige* Russenthum, die *gegen-*
„*wärtige* russische Kirche ihren siegreichen Einzug in die westli-
„chen Provinzen der Monarchie halten sollen, in denen alles gesunde
„Leben gewaltsam unterbunden war, lähmte alle Reformbestrebun-
„gen, von denen sittliche Früchte erwartet werden konnten.“

Mit der Russificirung der ehemals polnischen Provinzen ist
es indessen nicht vorwärts gegangen; mit der Einführung der
russischen Sprache in den römisch-katholischen Gottesdienst hat

man nur den Fanatismus des die russische Sprache nicht verstehenden Landvolkes erregt. Am bedauerlichsten ist es, dass das litthauische System nach und nach auf die deutschen Provinzen Liv-, Est- und Kurland angewendet und dadurch die Entwickelung und Bildung dieser Länder erstickt worden ist. Die gemeinsame Arbeit der Demokratie und russischen Regierung zur Unterdrückung der polnischen Revolution hat ein System geschaffen, welches Russland bis auf den heutigen Tag beherrscht: *es ist das Bündniss des Absolutismus mit den Massen zur Unterdrückung des gebildeten Theiles der Bevölkerung.* Dem angestrebten Ausgleich der auf sarmatischem Boden herrschenden Gegensätze ist schon bei seiner Geburt die Lebensfähigkeit genommen worden.

Dass bei einem solchen Stande der Dinge, bei dem Bestreben Russlands, die Verhältnisse des Königreichs Polen mit allen Mitteln zu seinen Gunsten und im Sinne der am Ruder stehenden Regierungspartei in Ordnung zu bringen, die nationale Entwicklung des polnischen Elementes in Oesterreich mit unbehaglichem Misstrauen angeblickt wird, ist selbstverständlich. Russland, wie es scheint, ernstlich bestrebt, die Russificirung Polens selbst durch vollständige Ausrottung der noch widerspenstigen Bevölkerung ins Werk zu setzen, erblickt im nationalen Aufschwunge der galizischen Polen eine Gefahr für seine Macht im Weichsellande, und wird wahrscheinlich kein Mittel unversucht lassen, in seine eisernen Fänge auch diesen, seiner nationalen Existenz sich noch erfreuenden Bruchtheil des ehemals so mächtigen polnischen Volkes zu bekommen. Dass die panslavistische Idee, mit der sogenannten orientalischen Frage in inniger Wechselbeziehung stehend, eine grosse Gefahr für Europa und namentlich für Oesterreich in sich schliesst, ist ebenso selbstverständlich, als ihre praktische Durchführung nur im Zusammenhange mit welterschütternden Ereignissen sich gedacht werden kann.

Ich glaube, dass es in unserem Vaterlande Niemanden geben wird, der nicht vom Gedanken durchdrungen wäre, dass Oesterreich des ausgiebigen Friedens zur Ordnung seiner etwas zerrütteten innern politischen sowohl als militärischen Verhältnisse bedarf. Nur Mangel an Patriotismus, Unverstand und böswillige Absicht können andere Ansichten gebären.

Allein im Angesichte der Gefahr ist es die Pflicht der am Ruder stehenden Männer, alle jene Massnahmen zu treffen, durch welche die Gefahr abgewendet oder ihr entgegen gehandelt wird. Es ist ihre Pflicht, alle Nachtheile, welche aus unserer eingeschlossenen geographischen Lage und durch die Unsicherheit der staatlichen Existenz, welche durch keine ausgesprochenen und bestimmten Völkergrenzen ausgedrückt ist, uns erwachsen, zu beseitigen.

Eine weise, offene und kräftige Politik im Innern, welche den Wünschen der Völker gerecht wird, natürlich so weit es sich mit dem Reichsgedanken vereinigen lässt, scheint uns hiezu, nebst Kräftigung der Wehrkraft des Landes, das sicherste und einzige Mittel. Man muss die Völker Oesterreichs endlich daran gewöhnen, ihre Wohlfahrt und die Wege zum glücklichen Gedeihen in und nicht ausser den Grenzen unseres Vaterlandes zu suchen.

Oesterreich muss aus eigenem Antriebe eine Form annehmen, durch welche es eine Anziehung auf die benachbarten Völker der gleichen Nationalität auszuüben im Stande ist, um diese vielleicht einstens als Barrière gegen moskowitische Vergrösserungssucht gebrauchen zu können. Jene Regierung, der dies gelingt, hat schon einen entscheidenden Sieg über unsere, auf den Zerfall Oesterreichs speculirenden Gegner errungen, sie hat diesen die Handhabe des Instruments entwunden, welches in unser Fleisch gebohrt werden soll.

Wer nach diesen Ausführungen noch nicht die Gefahr erblickt, die unserem Vaterlande von Norden und Osten droht, wem die Vorbereitungen zur Reorganisation der russischen Armee und die rastlosen Anstrengungen zur Vervollständigung des nachbarlichen Eisenbahnnetzes entgangen sind ; wer der Agitation unter den galizischen Ruthenen und den Einwohnern Rumäniens, der Unterstützung der Südslaven und Griechen, ja selbst der in allerneuester Zeit gemachten Anstrengung Russlands, die volle Freiheit am schwarzen Meere wieder zu erlangen, fremd geblieben ist: der nehme sich die Mühe, das jüngst erschienene Werk „Russlands Kriegsmacht und Kriegspolitik" des als gebildeten Militärs und enragirten Panslavisten bekannten Generals Fadejew zu lesen, dessen gegen Oesterreich gerichtete Zeitungsartikel und Broschüren, von welchen das erwähnte Werk eine Sammlung genannt werden kann, bei uns grosses und gerechtes Aufsehen erregten. Er wird darin die Aufklärung über das finden, was man in Russland über den sich aufraffenden und stärkenden österreichisch-ungarischen Kaiserstaat denkt. Da nicht jeder Leser der vorliegenden Arbeit das bezeichnete Buch in die Hand bekommen haben dürfte, so glauben wir dem Wunsche entgegen zu kommen, wenn wir einige Stichproben daraus zum Besten geben und auch dadurch den Beweis liefern, dass unsere Arbeit nicht einer blossen Laune entsprungen ist, sondern dass sie uns durch die bestehenden Verhältnisse abgelockt worden sei.

Nachdem Fadejew für die Erhöhung der Wehrkraft Russlands gesprochen, um einer Allianz zu begegnen, deren bestimmte Umrisse er bereits zu erblicken vermeint; nachdem er bewiesen hat, dass kein grosser Staat, selbst wenn er es wollte, sich dennoch nicht für längere Zeit in sich selbst abschliessen könne, vielmehr, dass jedes bedeutende Volk auch im Auslande seine Brüder habe, mit denen es sympathisirt, mit denen es, wenn es nicht resigniren will, sympathisiren müsse, weil sie Fleisch von seinem Fleische sind, weil es in ihrer Person durch die fremde Vergewaltigung selbst zertreten wird: äussert sich der genannte Schriftsteller über die Beziehungen des russischen Volkes zu seinen äussern Stammesbrüdern, wie folgt:

„Will man, dass der Mensch seine natürlichen Gefühle an „dem Grenzstriche, welcher bei der letzten Diplomatenconferenz „verabredet worden, aufgibt, so heisst das eben so viel, als „sich ihn nicht als Menschen, sondern als eine Puppe denken. „Keiner kann nicht der Sohn seines Vaterlandes sein; nur ein „Vaterland, d. i. eine selbständige Nationalität, kann Söhne ha- „ben, ein Staat aber hat nur Diener, welche, wenn auch oft sehr „ergeben, dennoch immer nur Diener bleiben. Mutter Russland * „ist ein Ausdruck voll tiefen Sinnes, Mutter Oesterreich wäre da- „gegen ein rechter Unsinn. Wenn es aber dem Menschen eigen- „thümlich ist, sich als Sohn seiner grossen Nation zu fühlen, „liebt er nämlich diese eben und nicht das, was die letzte politische „Kartenmischung ergeben hat, und er liebt sie ganz gleich, überall „wo er sie antrifft, ebenso im eigenen Staate wie in einem frem- „den. Wir wollen einmal sehen, ob die politische Treue der öster-

---

* Die im Volksmunde übliche Bezeichnung.

„reichischen Deutschen dem patriotischen Drang lang widerstehen
„wird? Wenn ein grosses Volk auf seine mehr oder weniger nahen
„ausländischen Brüder, Bluts- oder Glaubensgenossen seinen Sinn
„gestellt hat, so tritt es nicht nur für sie, sondern auch für sich
„selbst ein, es vertheidigt in ihnen seine eigene Persönlichkeit
„und seine eigenen Ueberzeugungen, seinen historischen Tipus,
„der in einem gewissen Grade auch in seinen Verwandten zum
„Ausdruck gekommen ist gegenüber fremden Persönlichkeiten und
„Ueberzeugungen. Der Glaube an sich selbst, an die Gesetzlich-
„keit und Vortrefflichkeit der eigenen Grundideen und Bestrebun-
„gen ist diejenige Kraft, aus welcher grosse Völker entstehen;
„welcher Glaube aber wird sich, wenn er die Macht besitzt, auch
„nur in irgend einer Hinsicht niedertreten lassen? Ein grosses
„Volk, welches beim Anblick der Leiden seiner Blutsverwandten
„oder seiner innigsten Ueberzeugungen in der Person seines Näch-
„sten leidenschaftslos bleibt, bloss weil die Gesetzlichkeit der
„Theilnahme für diese nicht durch diplomatische Tractate förm-
„lich stipulirt worden, würde dadurch seine eigenen nationalen
„Principien untergraben und der ganzen Welt und sich selbst
„beweisen, dass diese Principien nur ein Aushängschild gewesen,
„nicht aber des Volkes eigenster Beruf."

Im weiteren Verlauf seiner Ausführungen gibt Fadejew zu,
dass Russland sich erst consolidiren musste, d. h. dass es noch
nicht alle seine natürlichen Elemente in sich aufgenommen und
mit sich verschmolzen habe, und dass es mit Interessen, von deren Entscheidung seine Macht und die innere Entwicklung direct
abhängt, an das Ausland gebunden sei. Er gesteht ein, dass Russland nach der Zertrümmerung der heiligen Allianz auf sich
selbst angewiesen sei und dass es noch längere Zeit hindurch
sein Augenmerk darauf richten müsse, die mannigfachen Einflüsse
und Anschläge, die von Aussen auf die Provinzen Finnland, Polen, Bessarabien und Transkaukasien geübt werden, unschädlich
zu machen. Er sagt weiter:

„Anderseits haben die Schlachten von Sadowa und die Zer-
„störung der Türkei der slavischen Frage sowohl in Oesterreich
„wie auf der Balkan-Halbinsel einen solchen Stoss gegeben, dass
„sie rasch aus dem Gebiete der Archäologie auf den Boden der
„Wirklichkeit überzugehen anfängt. Ohne Russlands Mitwirkung

„wird diese Frage jedoch niemals entschieden werden, weil die „dabei Interessirten selbst nicht über solche Kräfte disponiren, „um selbstständig ihr Ziel zu verfolgen, von den Grossmächten „aber, welche die Geschicke der Welt bestimmen, Russland allein „eine allendliche und gerechte Lösung dieser Frage wünschen „kann; für die übrigen sind diese zerrissenen Stämme blos ein „Mittel, aber nicht der Zweck: das persönliche Geschick derselben „ist allen gleichgiltig. Nichtsdestoweniger reift diese Angelegen- „heit; alles hängt davon ab, in welche Bahnen sie geleitet wird. „Es unterliegt keinem Zweifel, dass die slavische und orientalisch- „rechtgläubige Frage, wird sie von einer Russland feindlichen „politischen Intrigue entschieden, für uns, wenn auch nur zeit- „weilig, eine grosse Gefahr werden kann. Nicht mehr partielle „und illusorische, sondern wirkliche Anziehungspunkte, zu denen „unsere Grenzgebiete gravitiren, können längs der russischen „Grenze entstehen. Russland feindliche und bis zu einem gewis- „sen Grade selbständige slavische und orientalisch-rechtgläubige „Massen, welche auf die Sympathie, noch wahrscheinlicher aber „sogar auf die Mitwirkung Europa's rechnen, sind ganz was An- „deres, als ein feindliches Oesterreich oder die Türkei . . . ."

Anknüpfend daran, betont Fadejew die Nothwendigkeit, dass Russland eine nationale Politik beobachtet, dass es, als das einzige rechtgläubige slavische Reich, weder die Germanisirung noch die Katholisirung seiner ausländischen Stammverwandten zugeben dürfe, und gelangt dann zu einem Schlusse, der für uns eigentlich die Pointe seiner ganzen Arbeit bildet:

„Alle politischen Ideen und Beziehungen der alten Zeit sind „so sehr in Staub zerfallen, dass es gegenwärtig keine einzige „Regierung (mit Ausnahme der englischen, und zwar auch diese „nicht mehr für lange) gibt, welche sich irgend nach den Tradi- „tionen der äusseren Staatspolitik richtete; es existiren blos noch „die Interessen des Tages, und daher sind auch alle erdenklichen „Combinationen, die allerunerwartetsten Bündnisse, Mitwirkungen „und Gegenwirkungen nothwendig geworden. Selbst die gespannte „Art und Weise der Beziehungen, welche wir im gegenwärtigen „Augenblicke erleben, hat ihren Grund nur in der Existenz einiger „Persönlichkeiten oder darin, dass dieselben überall ihre Hand im „Spiele haben. Für einen Staat, der fest auf seinem Fundamente

„steht und sein Ziel genau kennt, besteht offenbar unter solchen
„Umständen die ganze Kraft in dem Beharren und in der Initia-
„tive. Wenn sämmtliche Beziehungen rings umher ununterbrochen
„wechseln, so wird Derjenige, der seine Ansichten nicht verändert,
„die Ereignisse beständig in seinem Sinn dirigirt und ohne
„Schwanken einem Ziele zustrebt, den günstigen Moment entschie-
„den abwarten können; was gestern unmöglich war, kann morgen
„vielleicht schon möglich sein. Unter der Zahl der Fragen, die
„uns am Herzen liegen, gibt es freilich keine einzige, an deren
„Lösung man ohne eine genügende Streitmacht herantreten könnte;
„verfügen wir aber über eine solche Macht, so existirt dafür auch
„keine einzige Frage, die einen allgemeinen Widerstand herauf-
„beschwören könnte. Zwischen uns und einem jeden europäischen
„Staate existiren solche Punkte, über die wir uns nicht vereinigen
„und die dafür nur durch einen Krieg entschieden werden können;
„dieselben Punkte können mit anderen daneben liegenden Staaten
„in Frieden abgethan werden. *Es gibt nur zwei Gegner auf der*
„*Welt, mit denen wir uns in keinem Stücke vereinigen können,*
„*und diese Gegner sind: das ungarische Oesterreich und die*
„*Türkei. Dafür hängt es aber von uns ab, einen starken Freund*
„*zu haben, mit dem wir in allen bis jetzt zu Tage getretenen*
„*Interessen, welche beiden Theilen am Herzen liegen, Hand in*
„*Hand gehen können, — wir meinen Amerika.*"

Wenn in neuester Zeit die russische Presse, und unter
dieser auch das Katkoff'sche Organ, welches bekanntlich die Fadejew'schen Schmähartikel zum Abdrucke gebracht hatte, es für
nothwendig hält, Oesterreich-Ungarn über die Absichten Russlands
zu beruhigen, so ist dies für uns ein Motiv mehr, erst recht auf
der Hut zu sein. Die russische Regierung, welche noch so viel
mit den eigenen Rüstungen und der Unterwühlung und Vorberei-
tung nachbarlicher Slavenstämme zu thun hat, fürchtete ganz ein-
fach, durch die etwas zu vorlaute Presse noch vor der Zeit in un-
angenehme Conflicte gebracht zu werden, und sucht nun, wenn
auch in ziemlich naiver Weise, Oesterreich-Ungarn über die eigenen Zukunftspläne zu beruhigen. „Wenn Deutschland durch Er-
„oberungen seine Macht zu verstärken sucht, so würde für Russ-
„land jede Erweiterung seiner Grenzen eine Schwächung sein.
„Das wahre Interesse Russlands beruht nicht auf Erweiterung seiner

„unermesslichen Grenzen, sondern darauf, dass es nicht allein und „isolirt dasteht. Es ist für Russland Bedürfniss, dass neben ihm „unabhängige und selbstständige Staaten bestehen, die geneigt „sind, mit ihm in inniger Freundschaft zu leben. *Das ist der* „*Panslavismus, vom russischen Standpunkte betrachtet (!).* Nicht „an die Unterwerfung der slavischen Elemente Oesterreichs und „der Türkei kann Russland denken, sondern daran, dass diese „Elemente sich möglichst selbstständig organisiren. Ein *slavisches* „*Oesterreich* hat nicht nur keinen Grund, Russland zu fürchten, „sondern es wird im Gegentheile in Russland einen bereitwilligen „Schutz für seine Grenzen und zur Behauptung seiner Macht-„stellung in Europa finden . . . . .“

Ein Vergleich dieses Ausspruches Katkoffs mit den oben angeführten Auslassungen seines Geschäftsfreundes Fadejew muss uns gewiss sehr misstrauisch gegen die Freundschaftsversicherungen Russlands stimmen.

Räumliche Ausdehnung

des der Betrachtung zu unterziehenden Ländergebietes.

Die geographischen Grenzen des zu betrachtenden Ländergebietes sind folgende: im Süden die Donau von Theben bis zur Mündung, die Küste des Schwarzen Meeres bis zur Mündung des Dnjepr-Flusses; im Osten der Dnjepr; im Norden der Bug, Narew und Niemen; endlich im Westen die March und die preussische Grenze.

Zieht man die politische Eintheilung in Betracht, so schliesst der oben umgrenzte Raum Theile des Kaiserthums Oesterreich-Ungarn, Theile des Kaiserthums Russland und das souzeräne Fürstenthum Rumänien in sich.

Von *Oesterreich-Ungarn:*

das Königreich Galizien	1426 g.	□Meilen
das Herzogthum Bukowina	190	„
das Grossfürstenthum Siebenbürgen	998	„
den nördlichen und östlichen Theil Ungarns ca.	3000	„

Von *Russland* die Gouvernements:

Warschau	256	g. ☐Meilen
Kalisch	198	,,
Piotrkow	211	,,
Radom	223	,,
Kielce	170	,,
Lublin	295	,,
Siedlce	249	,,
Plock	188	,,
Lomza	207	,,
Suwalki	219	,,

Königreich *Polen:*	2216	g. ☐Meilen
Wilna	768	g. ☐Meilen
Grodno	690	,,
Minsk	1622	,,
Mohilew	868	,,
Kiew	924	,,
Cherson	1306	,,
Ekaterinoslaw	1225	,,
Volhynien	1295	,,
Podolien	770	,,
Bessarabien	634	,,
Fürstenthum *Romanien*	2584	,,

Hydrographie.

Die Flüsse des zu betrachtenden Raumes gehören entweder zum Gebiete des **schwarzen Meeres,** oder zu dem der **Ostsee.**

A. Die Donau von Theben. bis zur Mündung.

Die **Donau** ist das wichtigste geographische Element im Innern Ungarns, weil ihre Mächtigkeit ein grosses militärisches Hinderniss bildet, weil sie in ihrer Eigenschaft als Hauptwasserstrasse in Wechselbeziehung zu den wichtigsten Orten und Landesverbindungen steht und ihr Reichthum an bedeutenden, grösstentheils schiffbaren Zuflüssen dem oft recht fühlbaren Mangel an Comunicationen zum Theil abhilft.

Zwischen Theben und Pressburg enden die Füsse der bewaldeten steilen Abhänge der linken Thalbegleitung knapp am Ufer; rechts hingegen bleiben sie auf einige Entfernung vom Strome zurück, der nun bei Pressburg die *oberungarische Tiefebene* betritt. Diese ist in der grössten Ausdehnung 15 Meilen breit und endet links an der Mündung des Gran-, rechts an der Mündung des Raabflusses. Bei Pressburg sendet der Strom links den sehr gewundenen **Neuhäusler Donauarm,** welcher sich mit dem Unterlaufe des Waagflusses, rechts die **kleine Donau** ab, welche sich mit der untern Raab verbindet. Ersterer bildet mit dem Hauptstrome die *grosse Schütt-*, letztere die *kleine Schütt-Insel.* —

Der Gebirgscharakter zeigt sich am linken Ufer erst wieder an der untern Gran, rechts schon bei Almás und Neszmély. Die

Donau durchbricht das Gebirge, die Thalseiten werden beiderseitig hoch und steil und schliessen sich bei Visegrád zu einem Engpasse. An der Theilung des Stromes oberhalb Waitzen erweitert sich die Thalsohle (*Insel St. Andrä*); die linke Thalbegleitung wird niedriger und geht in jenes Sandwellengelände über, das die *grosse oder niederungarische Tiefebene* kennzeichnet. Rechts begleiten den Strom mehr oder minder steile Hänge. Von Ofen-Pesth abwärts, wo der Strom durch eine Theilung die *Insel Csepel* bildet, bleibt links fort Flachland, welches mit Sandwellenrücken, weiter südlich in der Bácska von Ravins durchzogen ist und erst an der Theiss-Mündung durch das *Titler Plateau* unterbrochen, an den Westfüssen der Banater Gebirge bei Palanka, an der Nera-Mündung, endet. Auf der rechten Seite treten unterhalb von Ofen noch einzelne Ausläufer des Bakonyer Waldes an das Stromufer (*Blocksberg* bei Ofen 740' hoch u. s. w.). Von Tolna abwärts ist Ebene, welche westlich durch die steilen Abfälle der östlichen Ausläufer des pannonischen Berglandes begrenzt ist. Zwischen Bata und Mohács treten diese Ausläufer wieder an den Fluss; weiter unterhalb thut diess ein isolirter Höhenzug. Weiter ist links Ebene bis zur Wendung des Stromes nach Osten bei Vukovár, von wo bis Slankament, wo die Donau sich abermals gegen Süden wendet, die Donau den Nordfüssen des weinreichen *Vrdnik-Gebirges* nahe bleibt. Von Slankament bis Belgrad ist wieder Ebene. Dem Strome zunächst, der vielfach getheilt fliesst, kommen namentlich im Unterlaufe häufig Versumpfungen vor.

Bei Belgrad wendet sich der Fluss wieder gegen Osten, die serbischen Gebirge treten an das Ufer. Von der Nera-Mündung an fliesst der Strom beiderseits zwischen Höhen. Bei Golubac tritt der Strom in den letzten Durchbruch seines Laufes; es beginnt der interessanteste Theil des Donaulaufes, die grossartigste Felsenge Europa's (*obere-* und *untere Klisura*). Die mündenden Nebengewässer bilden Thalerweiterungen; die beträchtlichste davon ist die bei Alt-Orsowa, gebildet durch den untersten Theil des Černa-Thales. Unterhalb Neu-Orsowa, zwischen diesem Orte und Turn-Severin, durchbricht die Donau die Kalkkette des Grenzgebirges und es befindet sich hier der grösste und gefährlichste Engpass, das *eiserne Thor* genannt. Bis in die Nähe von Widdin ist der Fluss von Rideaus und Bergrücken begleitet. Am rechten

Ufer in der *Dobrudscha* und am linken Ufer von Kalafat abwärts ist der Strom von ausgedehnten Sümpfen und Seen begleitet, welche im Frühjahre (Mai, Juni) von Hochwässern überschwemmt werden und im Hochsommer und Winter nur an wenigen Stellen zugänglich sind. Ueberdiess wird das linke Ufer vom rechten dominirt. Oberhalb Tultscha theilt sich der Strom in Arme, und es beginnt sein *Delta-Land*, eine 50 ☐Meilen grosse Wildniss, welche mit hohen Schilfwaldungen bedeckt, von Flussarmen, Seen und Lacken durchschnitten und von Wölfen und Büffeln belebt ist. Die Donau mündet, von den übrigen wenig befahrenen und unpracticablen Mündungsarmen abgesehen, in drei Hauptarmen: **Kilia-Donau, Sulina-Donau** und **St. Georgs-Donau.**

Von allen Mündungsarmen ist jener der Sulina der einzige, welcher für grosse Schiffe fahrbar ist. Er wird durch die europäische Donau-Commission in Stand gehalten.

Die durchschnittliche Breite beträgt bei Pressburg 350 Schritte, bei Komorn 700 Schritte, bei Visegrád 650 Schritte, bei der Pester Kettenbrücke 530 Schritte, im untersten Laufe 1500—2000 Schritte; die Tiefe ist sehr verschieden und beträgt bei Theben 15', bei Gran 25', bei Waitzen 15', bei Ofen-Pest 25', im untersten Laufe 25—30'; die mittlere Geschwindigkeit im untersten Laufe 5'. Die Sulina-Donau hat eine Breite von 300 Schritten, eine Tiefe von 16—30'.

Drei grosse Hindernisse findet die Schiffahrt auf dem eben beschriebenen Theile der Donau: die Untiefen und Strömungen des eisernen Thores, die schwierigen Verhältnisse an der Mündung, und endlich der Umstand, dass der Strom häufig von Mitte December bis Mitte Februar zugefroren ist. Im Uebrigen ist der Schiffverkehr, namentlich im untersten Theile, sehr lebhaft. Die Dampfschiffahrt liegt meist in den Händen der ersten k. und k. privilegirten Donau-Dampfschiffahrtsgesellschaft, welche ein sehr reiches Betriebs-Material besitzt.

Wichtige Uebergangspunkte: Pressburg (Schiffbrücke), Komorn (eine Schiff- und eine Jochbrücke), Gran (Schiffbrücke), Ofen-Pest (Kettenbrücke), Peterwardein (Schiffbrücke). Sonst sehr viele Ueberfuhren. Im untersten Laufe der Donau existiren keine stabilen Uebergänge. Aus dem Wenigen, was wir über die Uferbeschaffenheit gesagt haben, leuchtet ein, dass sich zahlreiche günstige

Uebergangspunkte von Rechts nach Links vorfinden. In umgekehrter Richtung kann man nur von solchen sprechen, welche die geringsten Nachtheile besitzen. In der Zeit, wo der Strom zugefroren ist, kann er mit Geschütz und schweren Fuhrwerken passirt werden.

Bemerkenswerthe Orte im Thale.

Pressburg. — *Komorn,* 12.000 Einwohner, am linken Ufer der Donau und am rechten der Donau-Waag. Festung ersten Ranges und verschanztes Lager. Doppelter Brückenkopf. — *Gran.* — *Waitzen.* — *Ofen-Pest*, zusammen 187.000 Einwohner. Ofen mit der Befestigung am Blocksberge gilt als eine kleine Festung. — *Peterwardein*, starke Festung. — *Widdin*, ziemlich umfangreiche Festung; gegenüber *Kalafat.* — *Rahowa* und *Nicopoli*, kleine Festungen. — *Ruscsuk*, einer der wichtigsten befestigten Plätze der türkischen Donaulinie. — *Turtukai*, kleiner befestigter Platz. — *Silistria*, starke Festung. — *Rassowa*, *Hirsowa*, *Matschin* und *Tultscha*, kleinere befestigte Plätze.

Alle diese türkischen Festungen liegen an brauchbaren Uebergangspunkten und beherrschen diese. — Die zahlreichen Befestigungen am linken Ufer *(Giurgewo, Braila, Ismail, Kilia* u. s. w.) sind in Folge einiger Friedensschlüsse aufgelassen worden.

Zuflüsse der Donau.

Links.

I. Die **March.** Ursprung am Südfuss des Spieglitzer Schneeberges.

Im Oberlauf ist das Thal beschränkt. Oberhalb Hohenstadt bis zur Verengung oberhalb Littau (bei Rzimnitz) findet sich das erste grössere Becken. An die erwähnte Verengung anschliessend, öffnet sich das grosse, namentlich zur Linken des Flusses sich ausdehnende *Olmützer Becken* bis zur Durchbruchstelle der March bei Napagedl. Gleich unterhalb dieses Ortes aber erweitert sich die Thalebene wieder und wird allmälig breiter.

Die Ufer der March, welche vielfach getheilt fliesst und Inseln umschliesst, sind im Oberlaufe niedrig; später werden sie höher, namentlich hinter Kremsier.

Bis Tobitschau ist der Fluss fast überall durchwatbar; im Unterlaufe gibt es viele Furten. Von Göding an kann der Fluss bei günstigem Wasserstande befahren werden. Sie bespült das verschanzte Lager von *Olmütz*.

Zuflüsse der March.

Links.

Die **Beczwa.** Entsteht bei Walachisch-Meseritsch durch die Vereinigung der **oberen** und **unteren Beczwa.** Mündung oberhalb Kremsier.

Rechts.

1. Die **Hanna.** Entfliesst einem Teiche; Mündung zwischen Kojetein und Kremsier.

2. Die **Taya.** Entsteht bei Raabs in Niederösterreich durch die Vereinigung der **mährischen** und **österreichischen Taya.** Mündung bei Hohenau.

Ihr Thal ist bis Znaim grösstentheils sehr beschränkt und zwischen steilen und oft felsigen Ufern sehr tief eingeschnitten. Es wird nun geräumiger, und hinter Nikolsburg dehnen sich beiderseits mit Wäldern bedeckte Niederungen aus. Bei Hochwasser ist sie sehr verheerend, bei trockener Zeit ist sie ganz unbedeutend.

Unter ihren Zuflüssen ist zu nennen die **Schwarzawa.** Ursprung am mährischen Rücken, Mündung bei Muschau; sie nimmt links die Brünn bespülende **Zwitawa,** rechts die südwestlich von Iglau entspringende und die **Oslawa** aufnehmende **Iglawa** auf.

II. Die **Waag.** Entsteht bei Király-Lehota durch die Vereinigung der **schwarzen** und **weissen Waag.** Mündung bei Gutta in den Neuhäusler-Donauarm.

Das oberste Waag-Thal bis Rosenberg ist ein ziemlich geräumiges Hochgebirgsthal, welches sich ostwärts auch über die Wasserscheide zwischen Waag und Poprad fortsetzt. Das Thal wird nun enge, die Berge treten oft mit felsigen Wänden an den Fluss heran. Die engste Stelle bildet der *Thalpass von Kralovany.*

Von hier bis zum *Thalpass von Sztrecsno* erweitert sich das Thal zu seinem zweiten Becken. Von Sztrecsno abwärts bleibt das Thal, einige weniger bedeutende Verengungen abgerechnet, geräumig und mündet endlich südlich von Neustadtl in die oberungarische Ebene, allwo der Fluss eingedämmt ist. Ihre Breite beträgt bei Rosenberg 90 Schritte, bei Trencsin 140 Schritte, bei Freistadtl 200 bis 250 Schritte; ihre Tiefe im Allgemeinen unter 6 Schuh. Von Rosenberg an ist die Waag nur mit künstlichen Mitteln zu überschreiten. Sie wird mit Flössen von Lehota an befahren; die Schifffahrt beginnt bei Freistadtl.

Zuflüsse der Waag.

Rechts.

1. Die **Arva**. Entsteht bei Usta aus der Vereinigung der schwarzen und weissen **Arva**. Mündung bei Kralovany.

Ihr Thal ist im Allgemeinen sehr beschränkt und enge. Sie ist durchfurtbar, nur bei günstigem Wasserstande flossbar.

2. Die **Kysuca**. Ursprung am Javornik-Gebirge. Mündung gegenüber von Sillein.

Sie ist eine Torrente und kann gewöhnlich überall durchwatet werden. Bei Hochwasser schwillt sie bedeutend an und ist dann bis zur Mündung flossbar.

Links.

1. Die **Turocz**. Ursprung nordöstlich von Kremnitz. Mündung zwischen der Arva- und Kysuca-Mündung.

Im Oberlaufe unbedeutend; sie gewinnt an Bedeutung, wenn sie aus den Ufern tritt.

2. Die **Neutra**. Ursprung Südseite des Klak-Berges (4200 Schuh hoch). Mündung oberhalb Komorn.

Ihr Thal erleidet nirgends eine bedeutende Einengung und mündet bei Neuhäusel in die oberungarische Tiefebene. Im Thale, von Neutra abwärts, finden sich längs des Flusses Sümpfe vor; dadurch wird dasselbe selbst in trockener Jahreszeit schwer gangbar. — Im Oberlaufe ist sie an vielen Stellen zu durchwaten. Im Frühjahre und Herbst treten grosse, den Verkehr sehr beschränkende Ueberschwemmungen ein. Sie ist weder floss- noch schiffbar.

III. Die **Gran**. Ursprung an der Südostseite des Königsberges ; Mündung gegenüber von Gran.

Ihr Thal ist bis Neusohl beschränkt; dann tritt der Fluss in mehrere Thalbecken. Hochwässer treten gewöhnlich Ende März ein. Bei gewöhnlichem Wasserstande kann die Gran bis Heiligenkreuz überall durchwatet werden ; von da abwärts finden sich Furten. Sio dient bis Neusohl der Holztriftung; von da abwärts, jedoch nur bei günstigem Wasserstande, der Flossfahrt.

IV. Die **Eipel**. Ursprung nördlich von Losóncz ; Mündung unterhalb der Gran-Mündung.

Ihr oberstes Thal ist enge; die Thalsohle im Mittel- und Unterlaufe sumpfig. Der Fluss ist, eine kurze Strecke vor der Mündung abgerechnet, vielorts durchwatbar. Thalgrund oft sumpfig. Er wird kurz vor der Mündung für kleine Schiffe fahrbar.

V. Die **Theiss**. Entsteht aus der **schwarzen** und **weissen Theiss**. Mündung unterhalb Titel.

Die Theiss stellt ihrer Hauptrichtung nach eine Linie parallel mit dem von Norden nach Süden gekehrten Laufe der Donau dar. Ihr oberes Thal begleitet den südlichen Hang des Karpathenzuges und ihre Zuflüsse am rechten Ufer weisen in die Querthäler desselben. Insbesonders sind es der **Bodrogh** und **Hernad**, welche mit ihren Verzweigungen im Gebirge wichtige Verbindungen in und über dasselbe vermitteln und die bedeutendsten Defileen durchrinnen.

Ihr Thal ist ziemlich beschränkt bis in die Nähe von Szigeth, erweitert sich dann, um sich bei Huszth wieder zu verengen. Bei Szöllös tritt sie ganz in die Ebene. Das Rinnsal der Theiss ist in der Ebene überall tief eingeschnitten. In Folge der Regulirung sind Dämme hergestellt, welche 3 Schuh über den höchsten localen Wasserstand reichen. Im Oberlaufe fliesst sie meist vereint, dann theilt sie sich vielmals. Von Tisza-Ujlak an läuft sie wieder fast durchgehends geschlossen. Sie hat bis zum letztgenannten Orte viele seichte Stellen und ist im Oberlaufe an vielen Orten zu durchwaten. Ihre Breite bei Szigeth 100 Schritte, unterhalb von Szigeth 150 Schritte, bei Tecsö 200 Schritte; ihre Tiefe beträgt von Szigeth bis Huszth 5—6 Schuh, von Huszth bis Tisza-Ujlak 6—12 Schuh, von letzterem Orte abwärts bei gewöhnlichem Wasserstande fast immer mehr als 3 Schuh, bis Tokay überall mehr als 6 Schuh. Hochwässer von Ende April bis Ende Juli.

Die Theiss wird bei günstigem Wasserstande bis Tisza-Ujlak mit Flössen befahren; von hier abwärts wird sie schiffbar. Dampfschiffe kommen bis Námény, bei sehr kleinem Wasserstande bis Tokay. *Günstige Uebergangspunkte:* Körösmező (schwarze Theiss), Szigeth, Tecső, Huszth, Námény, Csap, Tokay-Brücken. Dann bis Szolnok keine Brücke. In der Ebene gibt es bei allen bedeutenden Orten Ueberfuhren für Wägen.

Zuflüsse der Theiss.

Rechts.

1. Der **Bodrog.** Entsteht bei Zemplin aus der Vereinigung der **Latorcza** mit der **Laborcza.** Die Letztere nimmt links den **Ungh,** rechts die **Ondawa** auf. Mündung bei Tokay.

a) Die **Latorcza.** Entsteht im karpathischen Waldgebirge. Bei Munkács mündet ihr im oberen Theile oft enges Thal in die Ebene. Hier ist der angrenzende Boden versumpft. Bis Munkács ist sie bei gewöhnlichem Wasserstande fast überall zu durchwaten; unterhalb Munkács wächst die Tiefe von 6 bis 18'. Im Frühjahre und Herbst starke Hochwässer.

b) Die **Laborcza.** Entsteht aus zwei Bächen bei Mező-Laborcz; Vereinigung mit der Latorcza oberhalb Zemplin.

Ihr nirgends sehr enges Thal mündet bei N. Mihály in die Ebene. Sie ist bis zur letztgenannten Stadt bei gewöhnlichem Wasserstande vielorts durchwatbar. Hochwässer, Ueberschwemmungen.

c) Der **Ungh.** Ursprung bei Uszok; Mündung in die Laborcza. Sein Thal ist im oberen Theile enge; dann folgen einige durch Verengungen unterbrochene Becken. Der Fluss tritt bei Unghvár in die Ebene. Seine Tiefe ist nicht bedeutend; vielorts durchfurtbar. Hochwässer. Im Mittellaufe flossbar.

d) Die **Ondawa.** Ursprung nördlich von Zborow.

Ihr Unterlauf sowie jener der rechts in sie mündenden **Topla** ist zum Theil geregelt. Sie ist bis zur Mündung der Topla gewöhnlich durchwatbar; im weiteren Laufe ist der Grund sumpfig. Hochwässer.

Der Bodrog selbst fliesst stellenweise auf sumpfigem Grunde zwischen flachen Ufern. Er ist durchschnittlich 100 Schritte breit, 6—12 ' tief. — Die Theiss-Dampfschiffahrt erstreckt sich bei günstigem Wasserstande bis Sáros-Patak.

2. **Der Sajo.** Ursprung westlich von Dobschau; Mündung unterhalb von Miskolcz.

Sein Thal ist im Oberlaufe beschränkt; von Rosenau abwärts gewinnt das Thal, einige Verengungen abgerechnet, an Geräumigkeit. — Bis zur Mündung der **Rima** ist der Sajo vielorts durchwatbar, die sumpfigen Ufer bilden jedoch ein Hinderniss. Unterhalb der Rima-Mündung ist er nirgends mehr durchfurtbar. Hochwässer.

Sein bedeutendster Zufluss links ist der **Hernád.** Ursprung nördlich der Kralowa hora; Mündung bei Onod.

Er tritt bei Kaschau aus dem Engthale, oberhalb Onod in die Ebene. — Er ist bis Kaschau vielorts durchwatbar; nach Aufnahme der Tarcza durchfurtbar. Während der Hochwässer ist er von Kaschau an nur mit künstlichen Mitteln zu überschreiten. Er dient der Holzflössung.

3. **Die schiffbare, bei Szolnok mündende Zagyva.**

Wichtige Communicationen zwischen dem oberen Donau- und Theiss-Gebiete und den Flussgebieten der Weichsel und des Dniester.

A. Längenverbindungen.

Eine sehr wichtige Communication, deren besonderer militärischer Werth später zur Sprache kommen wird, folgt dem Laufe der Waag, von Pressburg über Tyrnau und Leopoldstadt kommend, über Waag-Neustadtl — Trencsin — Bistritz — Sillein — *Thalpass Sztrecsno* — Sucsani — *Thalpass Kralorany* — Rosenberg — Hradek — über die Wasserscheide zwischen Poprad und Hernád — Deutschendorf am Poprad — Leutschau — *Epe-ries* — Unghvár — Munkács — Huszth — Tecsö — Szigeth.

Als weitere Längenverbindungen, die zugleich die Verbindung zwischen den zahlreichen, in die Nebenthäler der Donau führenden Wegsträngen herstellen, sind noch die Wege aus dem oberen Thale der Gran in das des Sajo, von Neusohl über Briesen nach Rosenau, ferner aus dem oberen Granthale durch das obere Eipelthal in das mittlere Sajothal, von Altsohl über Losoncz nach Putnok, endlich die über die südlichen Theile des Gebirges von der Donau zur Theiss führenden Wege.

B. Querverbindungen.

(Karpathen-Uebergänge.)

1. Pressburg — Stampfen — Malaczka — Schützen — Holic — Ostra — Ung.-Hradisch — Napagedl — Olmütz. Zum grössten Theile Chaussée.

2. Tyrnau — Nádas — Holic. Chaussée.

3. Waag-Neustadtl — *Pass Strany* — Hluck — Ostra. In Mähren Chaussée, sonst Landweg.

4. Trencsin — *Pass Hrozenkau* — Ung.-Brod — Ung.-Hradisch. In Ungarn Fahrweg, in Mähren Landstrasse.

5. Trencsin — *Wlar-Pass* — Brunow — Ob.-Litsch — Wsetin (an der oberen Beczwa) — Weisskirchen. Chaussée.

6. Buchow — *Lissa-Pass* — Ob.-Litsch. Schlechter Fahrweg.

7. Sillein — Czacza. Chaussée. Von hier:

a) über den *Jablunka-Pass* (Schanze 1890' h.) — Jablunka — Teschen; von hier einerseits nach Mährisch-Ostrau, anderseits nach Biala. Chausséen;

b) nach Wsetin. Anfangs Landstrasse, dann Chaussée;

c) nach Saybusch. Chaussée.

8. Sucsani oder Rosenberg — Kubin — Arva-Thal aufwärts — Turdossin — *Pass von Jordanow* — Jordanow. Ein Zweig dieser Chaussée geht durch das Thal der weissen Arva über die Einsattlung oberhalb Uj-Sol nach Saybusch. Zuerst Landstrasse, dann Chaussée.

9. Deutschendorf — Kesmarkt — Béla im Poprad-Thale. Chaussée. Von hier:

a) nach Neumarkt (an der Vereinigung der schwarzen und weissen Dunajec) — Jordanow;

b) nach Lublau. Chaussée. Von hier wieder:

    α) Fahrstrasse über Alt- nach Neu-Sandec,

    β) Chausse nach *Eperies*.

10. *Eperies* — Bartfeld. Chaussée. Von hier:

a) über den *Sattel von Tylicz* — Neu-Sandec. Landstrasse. Abzweigung nach Grybow, Landstrasse;

b) über Zborow — Gorlice, Landstrasse;

c) über Zborow — Zmigrod, Landstrasse;

d) über Szwidnik — *Dukla-Pass* — Dukla. Chaussée.

Diese Chaussée über den Dukla-Pass ist die wichtigste Communication von der siebenbürgischen Grenze bis zur Tatra, weil alle Wege zwischen der Weichsel und dem San, also aus der Mitte Galiziens, von Norden her zu diesem Passe ziehen und von ihm der directe Weg zum Herzen Ungarns, zum Lande zwischen Theiss und Donau führt. Sowohl im Norden als auch im Süden (im ungarischen Erzgebirge und von der Tatra aus) vereinigen sich die wichtigsten Communicationen mit dieser Hauptverkehrsader und erscheint so diese Strasse als die wichtigste, welche zwischen Ungarn und Galizien liegt.

Durch den Pass von Dukla marschirte im Jahre 1849 die russische Hauptarmee in Ungarn ein; durch diesen Pass zog auch ein grosser Theil der russischen Observations-Armee nach Galizien an die russische Grenze; dieser Pass ist endlich auch dazu bestimmt, eine Verbindungsbahn zwischen Ungarn und Galizien aufzunehmen.

11. Nagy - Mihály — Laborcza aufwärts — Mező - Laborcz. Zuerst Chaussée, dann Landstrasse. Weiters:

a) durch das Thal des westlichen Laborcza - Quellbaches über den Karpathen-Rücken in das Thal des Jasiel-Baches (Wislok-Fluss);

b) durch das Thal des östlichen Laborcza-Quellbaches in das Thal des San nach Sanok. Die beiden letzterwähnten Verbindungen sind schlechte Fahrwege.

12. Unghvár — Ungh-Thal aufwärts — Uszok — in das Stry-Thal und weiter nach Sambor. Chaussée.

13. Munkács — Latorcza-Thal aufwärts — Voreczke — Stry. Chaussée.

14. Huszth — Ökörmező — Stry. Fahrweg.

15. Szigeth — Körösmező — Delatyn am Pruth. Chaussée.

16. Szigeth — Viso aufwärts — Borsa — in das Thal der goldenen Bistritz. Zum Theil sehr beschwerlicher Fahrweg.

Links.

Während nun die Theiss in ihrem Laufe parallel zur Donau, wie letztere am linken Ufer, so erstere am rechten, gar keinen Zufluss von nur einiger Bedeutung erhält, daher die Ebene zwischen beiden, mit Ausnahme des im Süden liegenden **Franzens-Kanals**, gar keine durch Gewässer bezeichnete Abschnitte aufweist, so findet am linken Ufer der Theiss gerade das Gegentheil statt: hier bilden die Szamos, Körös und Maros, nahezu senkrecht zum mittleren Laufe, endlich die Bega und Temes im untern Laufe, Abschnitte, welche vorzüglich durch die sumpfige Beschaffenheit der Mündungsgegenden von grösserer Bedeutung sind, als die Grösse dieser Gewässer im Allgemeinen erwarten liesse, und zwar um so mehr, als die obern Thäler durch die Gebirgsdefileen Siebenbürgens verstärkt sind.

1. Die **Szamos.** Entsteht bei Dées aus der Vereinigung der **grossen** und **kleinen** Szamos. Mündung oberhalb Námény.

Die grosse Szamos entspringt nördlich von Neu-Rodna und ist bis zur Vereinigung mit der ihr zufliessenden Bistritz bei Kocs allerorts durchwatbar.

Die kleine Szamos entspringt als **kalte** und **warme** Szamos am ungarischen Scheidegebirge. Sie ist unbedeutend, doch tritt sie aus.

Die Thäler beider Szamos - Flüsse sind meist enge, ebenso das Thal nach ihrer Vereinigung und während des Durchbruches durch das Grenzgebirge. Oberhalb von Némethy - Szathmar tritt der Fluss in die ungarische Ebene, fliesst mit vielen Krümmungen, hat oft sumpfige Ufer und ist nicht schiffbar. — Sie hat von Dées abwärts eine Breite von 100 Schritten, eine Tiefe von 4 bis 5 Fuss.

Durch die Thäler der kleinen und grossen Szamos kommen die besten Communicationen aus dem Norden und Nordosten des

Landes, welche sich bei Dées vereinigen und diesem Punkte eine gewisse militärische Wichtigkeit verleihen. Der bedeutendste Zufluss ist die **Kraszna**, welche die ausgedehnten **Ecseder Sümpfe** durchfliesst.

2. Die **Körös.** Entsteht aus der weissen und schwarzen Körös, welche im siebenbürgischen Erzgebirge entspringen und sich bei Békes vereinigen. Weiter abwärts fliesst der Körös, ebenfalls vom Grenzgebirge kommend, die schnelle Körös zu. Mündung bei Csongrád.

Vor dem Austritte in die Ebene ist das Thal der schwarzen Körös geräumig, die Thäler der beiden anderen Flüsse enge und tief. — In der Ebene finden sich viele Sümpfe; namentlich zu beiden Seiten des, der Sebes (schnellen) Körös zufliessenden, zum Theil kanalisirten **Berettyó**-Flusses und der schnellen Körös. Die Körös ist nicht schiffbar.

3. Die **Maros.** Ursprung in den Karpathen, südlich von Vaslab; Mündung bei Szegedin.

Der von der obersten Maros durchflossene Thalkessel heisst die *Gyergyo.* Ihr Thal ist meistens geräumig, nur südlich des Borgo-Passes, bei *Carlsburg* (Festung) und beim Durchbruche durch das ungarisch-siebenbürgische Scheidegebirge hat es Verengungen. Bei Paulis tritt der Fluss in die Ebene. Von Arad an sind die Ufer vielorts versumpft. — Ihre Breite und Tiefe erreichen zunächst der Westgrenze, der sie in schnellem Laufe und vielfach gewundenem Bette zueilt, nahe an 200 Schritte, respective 5—6 Fuss. Bis zur Mündung der Kokel, ihren obersten Theil abgerechnet, ist sie durchfurtbar; bei günstigem Wasserstande ist sie von Carlsburg an schiffbar.

Günstige Uebergangspunkte unterhalb Maros - Vásárhely, Maros-Porto und Branycska.

Zuflüsse der Maros.

Rechts.

Die **Aranyos.** Ohne Bedeutung.

Links.

a) Die **Kokel.** Entsteht bei Blasendorf aus der **grossen** und **kleinen** Kokel. Mündung unterhalb Tovis. Die Quellflüsse können vielorts durchwatet werden und haben verheerende Hochwässer. Die vereinigte Kokel besitzt bei normalem Wasserstande viele Furten und ist bei Niedrigwasser fast überall zu durchwaten.

b) Der **Strel.** Ohne Bedeutung.

---

4. Die **Bega.** Ursprung östlich von Facset; Mündung bei Titel.

Ihr Thal ist offen und tritt bald in die Ebene. Von Temesvár an ist das rechte Ufer von ausgedehnten Morästen begleitet. Der eigentliche **Bega-Schiffahrts-Kanal** reicht von Temesvár bis Gross-Becskerek.

VI. Die Temes. Ursprung am Semnik; Mündung bei Pancsova.

Sie hat bis Lugos, wo sie in die Ebene tritt, ein meist enges Thal. Im Unterlaufe hat sie oft undurchdringliche sumpfige Ufer und ist von Lugos an schiffbar.

VII. Die Karas, Nera und **Cerna.** Ursprung in den Banater Gebirgen.

Sie haben den Charakter reissender Gebirgsströme, fliessen zumeist in engen Thälern und bilden bedeutende Defileen.

VIII. Der Schyl. Ursprung in den transilvanischen Alpen; Mündung gegenüber von Rahova.

Er durchbricht nach kurzem Laufe in der engen Schlucht des *Vulkan-Passes* das Grenzgebirge, sein Thal erweitert sich dann und tritt bei Krajova in die Ebene.

IX. Die Alt. Ursprung unweit der Maros-Quellen; Mündung gegenüber von Nikopolis.

Ihr Thal heisst von St. Domokos bis Tusnád - Ujfalu die *Csik*. — Sie hat bis zu ihrer Mündung nach Süden ein geräumiges Thal. Bei der Mündung des **Cibin** verengt sich das Thal, der Fluss wendet sich gegen Süden und durchbricht den Hauptrücken des Gebirges in einer tiefen, langen Felsenschlucht, welche den Rothen-Thurm-Pass bildet. Unterhalb Slatina tritt sie in die Ebene.

Sie gewinnt erst nach der Einmündung der Fekete Ugy Bedeutung. Im untersten Laufe ist sie versumpft und wird nur von kleinen Flössen befahren.

Günstige Ueberganspunkte bei Fogaras, Voila, Freck, Slatina.

X. Der Sereth. Ursprung am Ostabhange des karpathischen Waldgebirges; Mündung bei Galacz.

Sein linkes Ufer ist meist dominirend. Von der Einmündung der **Bistritza** an kann der Fluss jederzeit nur mit Brücken überschritten werden. Im Unterlaufe sind seine Ufer versumpft. — Bei Bakeu wird er floss-, später schiffbar.

Seine am Abhange der Karpathen entspringenden Zuflüsse **Sucsawa, Moldawa** und **goldene Bistritz** haben einen reissenden Lauf, hohe Ufer und sind flossbar.

XI. Der Pruth. Ursprung auf dem Karpathen-Hauptrücken unweit der Theiss-Quellen; Mündung unterhalb Galacz.

Er ist ein Hochlandgewässer mit starkem Gefälle und häufigen Untiefen. Stabile Brücken fehlen im Mittel- und Unterlaufe. Bei gutem Wasserstande ist er durchaus flössbar; im untersten Laufe wird er von Germanesti an mit Dampfschiffen befahren. Auch ist in diesem Theile seines Laufes die Thalebene versumpft und mit Seen bedeckt.

Er hat wenig Zuflüsse, unter welchen der österr. Grenzfluss **Czeremosz** Erwähnung verdient.

Wichtige Communicationen in und zwischen den Thälern der linksseitigen Theis- und untern linksseitigen Donauzuflüsse.

Von Dées Chaussée im Thal der grossen Szamos aufwärts — dann nach Somkerek — Sächsisch Regen an der Maros, im Thal der Maros aufwärts zuerst Landstrasse, dann Saumweg, endlich Fahrweg bis Ditro — Gyergyo St. Miklos. Weiters Chaussée über die Wasserscheide zwischen Maros und Alt nach Csik Szereda — Kezdi Vásárhely — Kronstadt (Burzenland) — Sárkany (Alt Thal) — Fogaras — Hermannstadt — Mühlbach — im Maros-Thal über Broos — Déva — Dobra — Arad.

Wichtige Abzweigungen.

(Karpathcn-Uebergänge.)

1. Dées — Kapnik´ Banya — Szigeth an der Theiss. Zum grössten Theile Chaussée, sonst gute Landstrasse.

2. Dées — Naszod — Alt Rodna — durch den *Rodna-Pass* — über die Wasserscheide zwischen Szamos und goldene Bistritz nach Kirlibaba — Jacobeny. Zuerst Chaussée, dann Landstrasse.

3. Somkerek — Bistritz (im Thal der Bistritz) — Borgo — Thalschlucht des *Borgo-Passes* — Pojana Stampi — Watra Dorna — Jacobeny — Kimpolung (an der Moldawa) — Gura Humora — Suczawa. Chaussée.

4. Nördlich von Ditro — *Tölgyes-Pass* — in das Thal der goldenen Bistritz in die grosse Strasse Czernowitz - Suczawa — Jassy — Galatz. Gute Strasse; in der Moldau hat sie den Charakter der Puszta-Wege.

5. Aus der Csik durch den *Gyemes-Pass* an den Sereth und weiters nach Jassy. Fahrweg.

6. Kezdi-Vásárhely — *Ojtos-Pass* — an den Sereth. Gute Strasse.

7. Kronstadt — *Boza-Pass* — Bukarest. Guter Karrenweg.

8. Kronstadt — *Tömös-Pass* — Bukarest. Auf österreichischem Boden Chaussée, dann gute Strasse.

9. Kronstadt — *Törzburger Pass* — Pitesti — Bukarest. Auf österr. Boden Chaussée, dann nicht mehr befahrbar.

10. Hermannstadt — Alt-Thal abwärts — *Rothenthurm-Pass* (Alt-Durchbruch) — *Krajova* (wichtiger Strassenknotenpunkt.) Auf österr. Boden Chaussee, dann Fahrweg.

11. Déva — Hatszeg — *Vulkan-Pass* (Schyldurchbruch) — *Krajova.* Schlechter Fahrweg.

12. Hatszóg — *Eisernen Thor-Pass* — Karansebes. Gute Landstrasse. Sie mündet in die Chaussée, welche über Szegedin —. Temesvár — Karansebes — durch den *Szlatinaer* und *Teregovaer Schlüssel* (Thalpässe der oberen Temes) — über die Wasserscheide zwischen Temes und Černa — Mehadia — durch den

Toplecer Schlüssel nach Orsowa geht, und die wieder in die sogenannte Szécheny-(Donau-)Strasse mündet, welche von Bazias über Moldawa — Drenkowa — Orsowa nach *Krajova* führt.

B. Das Flussgebiet des Dniester.

Ursprung auf der Ostseite jenes Rückens, auf dessen Westseite (bei Uszok) der San (zur Weichsel) entspringt. Mündung westlich von Odessa mit mehreren Mündungen durch den Liman ins Meer.

Das Thal ist bis Stare-Miasto enge; von hier ab erweitert sich das Thal und ist bis zur Stry-Mündung versumpft und fast ungangbar. Von Niszniow abwärts verengt sich das Thal; die Thalwände bilden meist selbst die Ufer und es finden sich wenig günstige Uebergangspunkte vor.

In Russland ist das rechte Ufer meist das dominirende. Diese Thalbeschaffenheit bleibt bis Bender, wo sich das Thal erweitert, um sich am Liman zu einem breiten Sumpfthale auszudehnen, das durch kleine Arme, unzählige kleine Seen, Teiche und Wassersümpfe zerrissen ist; im Frühjahre steht das ganze Thal unter Wasser. Seine durchschnittliche Breite beträgt in der Strecke Rozwadow-Zaleszczyki 150 bis 200 Schritte; in der Strecke Zaleszczyki-Okupy 250 Schritte.

Seine mittlere Tiefe (bei gewöhnlichem Wasserstande).2 bis 8 Schuh.

Im Obertheile seines Laufes bewirken die Hochwässer grosse Ueberschwemmungen. Von Niszniow abwärts, wo die hohen Ufer ein Austreten des Wassers nicht ermöglichen, steigt dieses bis zu 30 Schuh über das gewöhnliche Niveau und gefährdet die Brücken.

Oberhalb Niszniow ist er zur Noth flossbar; von diesem Orte abwärts beginnt die Schiffbarkeit des Flusses.

Günstige Uebergangspunkte: Terszow (Chaussée Lemberg-Uszok), Sambor, Kornalowice (Dniester-Durchstich), Rozwadow, Halicz, Jezupol (Eisenbahn), Zaleszczyki.

Militärisch bemerkenswerthe Orte im Thale.

Kamenec-Podolski, alte Festung;
Chotym, Festung;
Bender, Festung;
Tiraspol, gegenüber von Bender, Festung;
Akjermann und *Ovidiopol,* befestigte Orte an der Mündung;
Odessa, östlich der Mündung, 119.000 Einw., Kriegshafen.

Zuflüsse des Dniester.

Rechts.

I. Der **Stry.** Ursprung östlich der Strasse Vereczke — Stry; Mündung bei Zydaczow.

Sein Thal ist bis zur **Opor**-Mündung meist enge, erweitert sich dann allmälig und geht bei Stry in das Dniesterthal über.

Er hat im Allgemeinen Torrenten-Charakter, verursacht häufige und bedeutende Ueberschwemmungen und wird von der Opor-Mündung an mit Flössen befahren.

II. Die **Swica.** Ursprung am Karpathen-Hauptrücken; Mündung unterhalb Zurawno.

Ueberschwemmungen entstehen, wenn eine Rückstauung der Hochwässer des Dniester erfolgt. Sie ist im untern Theile flossbar.

III. Die **Lomnica.** Entsteht aus mehreren Bächen am Karpathen-Hauptrücken; Mündung oberhalb Halicz.

Ihre hohen Ufer schützen die Umgebung gegen Ueberschwemmungen. Sie ist flossbar.

IV. Die **Bistrica.** Entsteht aus zwei, unterhalb von Stanislau sich vereinigenden Bächen; Mündung unterhalb Jezupol.

Ihre Ufer sind meist hoch. Sie ist flossbar.

Links.

Die linksseitigen Zuflüsse des Dniester haben im Allgemeinen den gleichen Charakter; sie entspringen auf der Hochebene, welche die südliche sanfte Abdachung des europäischen Hauptrückens südlich von Lemberg bis Zloczow bildet, und fliessen zu einander parallel dem Dniester zu. Ihre tief eingeschnittenen Thäler

haben steile, oft brüchige Wände, und sind bei den westlichen
ziemlich weit; je weiter gegen Osten, desto tiefer und enger werden diese Thäler, desto steiler ihre Wände.

Ihre Wassermasse ist unbedeutend; ihre vielen Teiche, namentlich im Oberlaufe, und durch meist sumpfige Ufer sind sie
zu örtlicher Vertheidigung vielfach geeignet.

I. Die Lipa.
II. Die Zlota Lipa.
III. Die Strypa.
IV. Der Sereth. Er ist der bedeutendste Zufluss des Dniester
auf österreichischem Boden.
V. Der Podhorze. Grenzfluss Oesterreichs gegen Russland.

C. Das Flussgebiet des Bug.

Der Bug. Ursprung an der Nordgrenze von Podolien, nahe
der österreichischen Grenze; Mündung in den Liman des Dnjepr.

Bei Winnica werden die Ufer steil und hoch; bei Alexan-
drowska werden sie wieder flach. Bis unterhalb des letztgenannten
Ortes ist sein Bett mit Klippen und Inseln erfüllt. In der untersten Strecke ist er auch für Seeschiffe fahrbar.

Militärisch bemerkenswerthe Orte im Thale.

Nikolajew. Kriegshafen, Hauptstation der Schwarzen - Meer-
Flotte.

D. Das Flussgebiet des Dnjepr.

Der Dnjepr. Ursprung in den Sümpfen am südlichen Abhange des Wolchonski-Waldes; Mündung bei Cherson in den
Meerbusen von Odessa.

Er fliesst von seiner Quelle bis Jekaterinoslaw anfangs in
einem nicht engen Waldthale; stellenweise wird das eine Ufer

hoch, wie bei Smolensk, Mohilew und Kiew. Gleich unterhalb Jekaterinoslaw setzen Felsen durch das Bett und verwandeln den Fluss in eine Reihe brausender Stromschnellen, zur Seite von steilen Felsen eingeschlossen. Unterhalb des Durchbruches durch den uralisch-karpathischen Landrücken spaltet sich der Strom in ein Labyrinth von Armen und bildet zahlreiche Inseln. Links beginnt unterhalb Alexandrowsk ein weites Sumpfufer: ein von unzähligen Armen durchschnittener sumpfiger Wald. Unterhalb Berislaw bleiben beide Ufer trocken. Unterhalb Cherson dehnt sich der Strom fast zu einem Busen aus und umschliesst einen kleinen Delta-Archipel; unterhalb dessen beginnt der breite Liman, der aber doch nur mittelst eines schmalen Passes zwischen den Forts *Oczakow* und *Kinburn* mit dem Schwarzen Meere zusammenhängt. Seine Breite ist von 300 bis 1200 °.

Die vielen Stromschnellen, die dichten Urwälder und der mangelnde Leinpfad, die Menge des im Grunde des Flusses steckenden Holzes, die zahlreichen schwimmenden Mühlen und endlich die Sandbänke bilden schlimme Hindernisse für die Schiffahrt. Den grössten Theil des Winters hindurch ist er mit Eis bedeckt.

Günstige Uebergangspunkte: Smolensk, Orsza, Mohilew, Kiew (Kettenbrücke und Eisenbahn - Gitterbrücke), Kremenczug (Flossbrücke und Gitterbrücke), Jekaterinoslaw (Flossbrücke). Es finden sich zahlreiche Ueberfuhren.

Militärisch bemerkenswerthe Orte im Thale.

Smolensk, befestigte Stadt an der Strasse Minsk-Moskau. Wichtiger Strassenknotenpunkt, Schlüssel des obern Dnjepr.

Kiew. Eine wichtige Festung, der Schlüssel des mittleren Dnjepr; Knotenpunkt mehrerer Wege, darunter die Eisenbahn von Moskau an die österreichische Grenze. Die „Mutter der russischen Städte.“

Cherson. Befestigter Hafen.

Oczakow. Mit Batterien.

Kinburn. Fort.

Die beiden letzterwähnten Plätze vertheidigen die Einfahrt in den Liman des Dnjepr.

Zuflüsse des Dnjepr.

Rechts.

I. Die Beresina. Ursprung an der Nordgrenze des Gouvernements Minsk; Mündung unterhalb Jakunowskaja.

Die Einfassung ihres breiten, sumpfigen Thales bilden meist bewaldete Höhen. Sie ist den grössten Theil des Winters hindurch zugefroren. Sie mündet schiffbar.

Günstige Uebergangspunkte: Borisow*, Bobrujsk. Sie bespült *Bobrujsk*, Festung, welche den ganzen Landstrich zwischen Dnjepr und Dwina beherrscht und die Strasse nach Moskau sperrt.

II. Der Pripet. Entsteht östlich von Opatin (am Bug) in Volhynien; Mündung unterhalb von Czernobyl.

Er fliesst, so wie seine beiderseitigen Zuflüsse in ihrem untern Theile, während seines ganzen Laufes in dem grossen, *Pinsk-* oder *Rokitno-*Sumpf benannten Sumpfboden, der vom Bug bis zur Mündung des Pripet eine Länge von circa 80 und eine Breite von 10 — 40 Meilen hat. Diese Sümpfe, meist mit Schilf und Rohr bedeckt und nur sporadisch durch morastige Wald- und Wiesenstrecken unterbrochen, gelten für undurchdringlich; auch im Froste des Winters und in der Trockenheit des Sommers scheinen sie wenig practicabel zu sein. Näheres siehe „Communicationen."

Der Pripet fliesst meist in mehreren Armen zwischen Schilfinseln. Bei Hochwasser bildet er einen unübersehbaren See.

Er ist, wie alle der genannten Nebenflüsse, beinahe in seinem ganzen Laufe bis Ende Juni schiffbar, von Pinsk an auch für Dampfer.

Wichtige Uebergangspunkte: Ratno, Lubjadz, Mozyr.

Militärisch bemerkenswerthe Orte im Thale.

Pinsk. Haupthandelsplatz und Hafen.

Mozyr.

---

* Hier wurde im Jahre 1812 von den Russen ein Brückenkopf angelegt.

Zuflüsse des Pripet.

Diese alle verursachen perodische Ueberschwemmungen, sind in ihrem untern Laufe von grossen, tiefen Sumpfstrecken begleitet und mehr oder minder, besonders im Frühjahre, schiffbar.

Links.

1. Die **Pina**. Entsteht aus Sümpfen östlich von Kobrin; Mündung südöstlich von Pinsk.

Im Nordwesten geht sie in einen Kanal über **(Gorodecky-scher Kanal)**, der sie mit dem Muchowec (zum Bug) verbindet. Sie läuft parallel mit dem Pripet und ist bis zum Winter schiffbar.

Wichtiger Uebergangspunkt: Zwischen Pinsk und Logiszin auf der Strasse von Pinsk nach Minsk.

2. Die **Jasolda**. Entsteht aus mehreren von Norden kommenden Bächen östlich der Narew-Quellen (zur Weichsel). Eine Schiffahrtsverbindung **(Oginskischer Kanal)** verbindet die Jasolda mit der Szara (zum Niemen).

Rechts.

1. Der **Styr**. Ursprung südwestlich von Brody; Mündung unterhalb der Jasolda Mündung.

Er fliesst im Anfange durch eine mehr oder minder zugängliche Ebene; bei Luck werden die Ufer waldig und wechseln zwischen Sumpf und Wald. In Russland ist das rechte Ufer das beherrschende, wo er auch durchaus schiffbar ist.

Wichtige Uebergangspunkte: Beresteczko, Luck, Roziszcze, Kolki.

Militärisch bemerkenswerthe Orte im Thale.

Luck. Stadt mit sehr günstiger dominirender Lage. Ihre früheren starken Erdumwallungen mit Gräben sind zerfallen.

Michaelograd (bei Roziszcze) unterhalb Luck und auf der Strasse nach Brzesc-Litowski.

2. Der **Gorin**. Ursprung südöstlich von Brody; Mündung unterhalb Dawyd-Gorodok.

Er läuft im oberen Theile tief eingeschnitten, später in einer sumpfigen und waldigen Ufergegend (das linke Ufer ist das beherrschende), und ist den grössten Theil seines Laufes hindurch schiffbar.

Wichtige Uebergangspunkte: Jampol, Ostrog.

Militärisch bemerkenswerthe Orte im Thale.

Ostrog in dominirender Lage mit einem alten Schlosse.

Der Gorin nimmt unterhalb Dombrowica den **Slucs** auf, welcher das in dominironder Lage liegende, mit einem festen Schlosse versehene *Starokonstantinow* und das durch ein Schloss den Fluss beherrschende *Nowgrad-Woljinsky* bespült.

Die rechtsseitigen Zuflüsse des Pripet, die von Süden nach Norden fliessen, bilden in nicht zu weiter Entfernung von einander starke Abschnitte mit vielen günstig gelegenen Positionen.

Die Küstenstrecke zwischen der Donau- und Dnjepr-Mündung.

Die mit Rohr bewachsenen Sumpfufer des Donaudelta's, so wie die seichte und sandige Küstenstrecke zwischen diesem und der bessarabischen Grenze machen das Landen unmöglich, da der weit in's Meer reichende Schlamm, so wie die Sandbänke weder eine Annäherung mit flachen Booten, noch mittelst der Durchwatung gestatten. Die langen, flachen Neerungen mit den dahinter liegenden Salzseen finden ihren Abschluss durch oft über 100' hohe Küsten. Die Verwüstungen, welche das auswaschende Meer an den aus Schichten weicher Massen bestehenden hohen Uferkanten des Tieflandes macht, sind ungeheuer. Diese Brüche bestehen aus verschiedenen Abstufungen von Trümmerstrecken in einer Breite von 1000' oft und lassen den ganzen Steppenrand wild zerrissen und zerstört erscheinen.

Die der Schiffahrt und der Landung so ungünstige Küstenbeschaffenheit, die häufigen Nebel und wilden Stürme u. s. w. bilden die hohe militärische Wichtigkeit dieses Meeres.

E. Das Flussgebiet der Weichsel.

Die Weichsel. Ursprung in österr. Schlesien beim Dorfe Weichsel; Mündung mit mehreren Armen in das Baltische Meer.

Bis Schwarzwasser fliesst sie in Schlesien; dann bildet sie bis nördlich von Oswieczim (Auschwitz) die Grenze zwischen Preussen und Oesterreich, tritt dann ganz nach Galizien über, verlässt dieses bei Zawichost, um ganz nach Russland überzutreten. Oberhalb von Thorn verlässt sie das russische Gebiet, um nach Preussen zu treten.

Das Thal der Weichsel ist schon in seinem Anfange ziemlich geräumig. Die Ufer sind von Schwarzwasser bis nahe der Biala-Mündung mit nur geringen Ausnahmen von 3 — 12′ hohen Dämmen begleitet. Auf der genannten Strecke kann Artillerie und Cavallerie nur auf den bestehenden Brücken überschreiten.

Im Krakauer Gebiete treten die Thalbegleitungen näher an den Fluss und enden oft steil und felsig knapp an demselben; dieses z. B. in der Gegend von Krakau. Unterhalb Krakau fliesst die Weichsel bis Niepomolice (wo sie bis 8′ hohe, steil abgerissene Ufer hat) mitten in der ziemlich breiten Thalebene; dann treten zur Linken des Flusses die Höhen oft knapp an das Ufer bis unterhalb der Dunajec-Mündung. Weiter unterhalb bis zum Uebertritt des Flusses nach Russisch-Polen treten die Höhen der linken Thalbegleitung wieder zurück und nähern sich wieder nur in der Gegend der Wisloka-Mündung, bei Sandomir und bei Zawichost. Rechts bezeichnet die von Krakau über Wiliczka — Bochnia — Tarnow — Rzeszow nach Jaroslau führende Eisenbahn und Chaussée die Linie der Nordfüsse der Karpathen-Ausläufer. Der dieser Linie nördlich vorliegende Boden ist, von Niepolomice bis zur San-Mündung und darüber hinaus, ein oft die Hügelform annehmendes Sandwellengelände, welches sich gegen die breite Weichselniederung oft steil absetzt. Dieser schwer gangbare Sandboden ist zum grossen Theil mit ausgedehnten Nadelholzwaldungen bedeckt.

Die Weichselniederungen sind den Ueberschwemmungen ausgesetzt, daher zumeist mit einer Menge von Wasseradern durchzogener, von sumpfigen Stellen erfüllter, überhaupt nasser Wiesengrund. —

Unterhalb der San - Mündung durchbricht der Fluss die uralisch-karpatische Landhöhe und fliesst bis zur Mündung des Wieprz in einem durch die steilen Abfälle niedriger Höhen gebildeten Thale, dessen Sohle stellenweise versumpft ist. Je mehr sich die Weichsel in ihrem Laufe der tiefsten Furche des sarmatischen Tieflandes nähert, desto geringer werden die relativen Höhenunterschiede des angrenzenden Terrains. Von der Wieprz - Mündung abwärts bis Zakroczym ist der linke, von da abwärts bis Thorn der rechte Thalrand der beherrschende.

Der Fluss, dessen Bett sehr der Veränderung unterworfen ist, hat nur wenige Inseln.

Im oberen Laufe bis zur Mündung der Biala ist die Weichsel bei dem gewöhnlichen Niedrigwasserstande überall zu durchwaten. Auch später, wie z. B. bei Krakau, hat sie noch viele seichte Stellen. In Russland kann sie nur mit künstlichen Mitteln überschritten werden. Sie ist bei der Sola-Mündung 250', bei der Skawa-Mündung 250', bei der Raba-Mündung 260', bei der Dunajec-Mündung 290', bei der San-Mündung 1000', bei Puławy 480', bei Warschau 1400', breit. — Ihre Tiefe beträgt unterhalb von Krakau 1°, bei Niepolomice 4—12', unterhalb der Dunajec-Mündung 2—4°, bei Krasnow 5—6'.

Hochwässer sind besonders in den Monaten Juni und Juli sehr bedeutend. Den Ueberschwemmungen besonders ausgesetzt sind am rechten Ufer die Gegenden von Niepolomice, Szczucin, Baranow und gegenüber von Sandomirz. Das linke Ufer ist, mit Ausnahme von unterhalb Krakau, fast ganz den Ueberschwemmungen ausgesetzt.

Bis Zator wird die Weichsel mit Flössen befahren. Die Schiffahrt beginnt zwar schon an der Przemsza-Mündung, kann jedoch von der Dunajec - Mündung aufwärts nur bei höherem Wasserstande betrieben werden. In Russland wird der Strom mit Dampfschiffen befahren. Auch hat Russland eine Kriegsflottille auf dem Flusse.

Wichtige Uebergangspunkte: Wichtige Brücken : Oswieczim. Eisenbahnbrücke oberhalb der Przemsza-Mündung und Eisenbahnbrücke unterhalb der Przemsza-Mündung; Krakau: Chaussée- und Eisenbahnbrücke; Iwangorod, Warschau und Nowogeorgiewsk.

Günstige Punkte für den Uebergang vom linken auf das rechte Ufer: Nowé- und Stare-Brzesko, Jasice, Wittow, Krasnow (Uebergang der Russen 1849), Polanice, Kamien, Zawichost. Günstige Punkte für den Uebergang vom rechten auf das linke Ufer: Dwory, Tyniec, Niepolomice, Baranow, Dzikow.

Militärisch bemerkenswerthe Orte im Thale.

Krakau. Starkes verschanztes Lager auf beideu Seiten der Weichsel. Doppelter Brückenkopf.

Iwangorod. Einfache, nicht bedeutende Festung an der Einmündung des Wieprz ; hat Bedeutung als Brückenkopf.

Warschau, 206.000 E., als Brückenkopf bedeutend, liegt am geraden Wege von Petersburg nach dem Westen; obwohl an und für sich keine starke Festung, so sperrt sie doch viele sich hier treffenden Wege und deckt den Uebergang über die Weichsel. In Warschau treffen sich die grossen Heerstrassen von Posen, Breslau, Krakau und Lemberg, und die Eisenbahn, welche aus Oesterreich kommt und jenseits der Weichsel ihre Fortsetzung nach Petersburg findet. Die beiden durch die Weichsel getrennten Stränge dieser Eisenbahnlinie sind bis jetzt nur durch eine Pferde-Eisenbahn verbunden.

Die Hauptstärke der Festung liegt in der bastionirten Citadelle und 6 kleineren Forts. Am andern Ufer liegen einige Werke von geringerer Bedeutung.

Nowo-Georgiewsk. Grosses verschanztes Lager. In den casemattirten Räumen der Citadelle allein haben 20.000 Mann Platz. Es hat eine grosse Bedeutung als Brückenkopf und beherrscht von allen Seiten den Zusammenfluss der Weichsel und des Bug und sichert einer, von der polnischen Grenze sich zurückziehenden Armee den Uebergang über diese Flüsse; nöthigt ferner eine gegen Moskau vordringende Armee, zum mindesten sehr bedeutende Streitkräfte zur Beobachtung dieses Platzes zurück zu lassen.

Den wichtigsten und zugleich ältesten Theil der ganzen Festung bildet das von Napoleon I. angelegte, nunmehr sehr verstärkte *Modlin* (jetzt Nowo-Georgiewsk) am rechteu Weichsel-Bug-Ufer, denn dieses beherrscht sowohl den Winkel, welchen

der Zusammenfluss jener beiden Flüsse bildet, als auch das linke
Ufer der Weichsel. Der Winkel am linken Bug-Ufer, sowie auch
das linke Weichsel-Ufer sind ebenfalls mit Befestigungen ver-
sehen. *

Zuflüsse der Weichsel.

Rechts.

I. Die **Biala**. Ursprung südwestlich von Bielitz; Mündung
an der dreifachen Grenze von österr. und preuss. Schlesien und
Galizien.

Das rechte Ufer dominirt fast durchgehends das linke.

Die Breite beträgt bei Bielitz-Biala 40 Schritte; die Tiefe
ist nicht bedeutend. Hochwässer erweitern ungemein ihr Bett.

II. Die **Sola**. Entsteht am Nordrücken der Karpathen, östlich
von Czacza; Mündung nordöstlich von Oswieczim.

Das Thal ist, eine Strecke nördlich von Saybusch abgerechnet, geräumig.

Sie ist eine Torrente, welche gewöhnlich überall durchwatbar ist. Zur Zeit, wo sie Ueberschwemmungen bereitet, d. i. besonders Ende Juli und Anfangs August, wirkt sie verheerend und
ist dann natürlich nicht durchwatbar. — Bei höherem Wasserstande ist sie von Saybusch an flossbar.

III. Die **Skawa**. Ursprung südlich von Jordanow am Hauptrücken der Karpathen; Mündung unterhalb Zator.

Sie fliesst bis Wadowice in einem tiefen Thale.

Sie ist wie die Sola eine Torrente, und ihre Ueberschwemmungen, besonders unterhalb Wadowice, sind verheerend. Sie wird
oberhalb Makow flossbar.

IV. Die **Raba**. Ursprung am Karpathen-Hauptrücken nordwestlich von Neumarkt; Mündung bei Uscie-Solne, unterhalb von
Niepolomice.

Das Thal ist bis Myslenice sehr enge, schlecht bebaut.

Bei hohem Wasserstande ist der Fluss von Bochnia abwärts
für kleine Schiffe fahrbar.

---

* Die Daten über die russischen Festungen sind dem Werke: „Heeres-
macht Russlands, ihre Neugestaltung und politische Bedeutung", entnommen.

V. Der Dunajec. Entsteht bei Neumarkt aus zwei in den Tatra - Schluchten entspringenden Quellen, dem **schwarzen** und **weissen** Dunajec. Mündung gegenüber von Opatowice.

Sein Thal ist bei Alt-Sandec meist tief und enge (bei Neumarkt weit), öffnet sich dann allmälig. Im Tarnower Kreise fliesst der Fluss durch Flachland, wo die Ufer stellenweise auch versumpft sind.

Die grösste Breite des Dunajec beträgt 125 Schritte. Die Ueberschwemmungen, welche durch den Fluss verursacht werden, sind, namentlich bei Neumarkt, sehr bedeutend. Bis Neu-Sandec ist er oft durchwatbar.

Auf dem Dunajec besteht, obwohl er im unteren Laufe schiffbar ist, keine Schiffahrt. Von unterhalb Neumarkt an wird er mit Flössen befahren.

Sein wichtigster Zufluss ist der **Poprad.** Er sammelt seine Quellen in einigen an der Südseite der Tatra liegenden kleinen Seen; Mündung zwischen Alt- und Neu-Sandec.

Sein bis Poprad ziemlich geräumiges Thal wird unterhalb dieses Ortes enger und wird noch beschränkter beim Durchbruche des Flusses durch das Gebirge bis Piwnicza. Von da ab gewinnt das Thal an Geräumigkeit.

Er ist bis 120 Schritte breit. Die Ueberschwemmungen sind besonders im August bedeutend. — Er wird von Pudlein an mit Flössen befahren.

VI. Die Wysloka. Ursprung am Karpathen - Hauptrücken; Mündung oberhalb Baranow.

Ihr Thal ist geräumig.

Sie ist im Oberlaufe bis zur Einmündung der **Ropa** und **Jasielka** unbedeutend und durchwatbar. Unterhalb Jaslo gibt es einige, doch wenig benützte Furten.

Flossfahrt beginnt bei günstigem Wasserstande bei Jaslo.

VII. Der San. Ursprung westlich der von Stare Miasto nach Unghvár führenden Strasse; Mündung zwischen Sandomierz und Zawichost.

Er durchfliesst bis Lisko ein mehrfach gekrümmtes Mittelgebirgsthal, welches aus einer Reihe von Becken und waldigen Engen besteht. Dann werden die Thalbegleitungen niederer und gehen bei Przemysl am rechten, und später bei Jaroslau am

linken Ufer, in das bekannte Sandhügelgelände über, welches wald-
reich, moorig und gewöhnlich (wenn ungefroren) für schweres
Fuhrwerk schwer practicabel ist, und dann sich gegen die Fluss-
mündung mit markirten Rändern absetzt. Von der Wislok-Mündung bis zur Weichsel ist das linke San-Ufer waldig und sumpfig,
die Communication auf schlechte Wege beschränkt.

Seine Breite beträgt bei Przemysl bis 100 Schritte, unterhalb der Wislok-Mündung über 300 Schritte. — Seine Hochwässer sind bedeutend, seine Ueberschwemmungen häufig gross-
artig, besonders von Rozwadow abwärts.

Bei günstigem Wasserstande wird er kurz nach dem Ursprunge flossbar; bei Dubiecko beginnt seine Schiffbarkeit. Von
Przemysl aufwärts gibt es viele, von dort abwärts einige, aber
der Veränderung unterworfene Furten.

Sein wichtigster Zufluss ist der **Wyslok.** Ursprung südlich
von Wyslok am Karpathen-Rücken; Mündung unterhalb Jaroslau.
Er ist nur zu gewissen Zeiten des Jahres ein Hinderniss.
Seine Ueberschwemmungen in der Ebene sind bedeutend. Er wird
bei Rudawka flossbar, bei Rzeszow schiffbar.

VIII. Der **Wieprz.** Ursprung nördlich von Tomaszow, nahe
an der österreichischen Grenze; Mündung bei Iwangorod.
Er fliesst in einem seichten Thale, dessen Begleitungshöhen
oft bewaldet sind. Er ist von geringer Bedeutung und nur eine
kurze Zeit des Jahres hindurch schiffbar.

Militärisch bemerkenswerthe Orte im Thale.

Zamosc (in einem Nebenthale). Aufgelassene Festung an
der Strasse Lemberg-Warschau. Sie hat geringe Bedeutung.

Iwangorod (siehe Weichsel.)

IX. Der **Bug.** Entsteht aus mehreren Bächen im Hügellande
nördlich von Zloczow; Mündung bei Nowogeorgiewsk (Modlin).
Bis unterhalb Sokal gehört er Oesterreich an.

Von Busk an fliesst der Fluss in der Ebene, und es dehnen
sich von diesem Orte bis gegen Krystiampol zu beiden Seiten
desselben sandige, stark bewaldete und versumpfte Flächen aus,
die schwach bevölkert und nur von wenigen und schlechten Com-

munciationen durchzogen sind. Von Sokal windet sich der Fluss durch ein sich oft ganz verflachendes, waldiges Gelände und in einer oft sumpfigen Niederung. Seine Breite unterhalb Brzesc-Litewski 3—400 Schritte. — Seine Schiffbarkeit beginnt bei Dubienka, er friert jedoch fast jedes Jahr zu.

Militärisch bemerkenswerthe Orte im Thale.

Brzesc-Litewski. Festung, welche Nowogeorgiewsk an Stärke nicht bedeutend nachsteht. Sie liegt an der Einmündung des **Muchawiec** in den Bug und an der Strasse Warschau - Moskau. Sie bildet eigentlich einen dreifachen Brückenhopf: auf beiden Ufern des Bug und am Muchawiec.

Zuflüsse des Bug.
Links.
1. Der unbedeutende, bei Busk mündende **Peltew.**
2. Der **Liwiec.** Mündung bei Kamienczyk, oberhalb Wyszkow.

Rechts.
1. Der westlich von den Rokitno - Sümpfen entspringende **Muchawiec,** welcher bei Brzesc-Litewski mündet und durch den gleichnamigen Kanal mit dem Dnjepr verbunden ist (siehe Pina).
2. Der **Narew.** Ursprung aus den Sümpfen des polnischen Landrückens; Mündung bei Sierock.

Er fliesst im sarmatischen Tiefland; doch scheidet sich die Ufergegend in die waldige und sumpfige Niederung und in den höher gelegenen Theil der Ebene. Das rechte Ufer ist fast durchaus das beherrschende, nur bei Lomza, Nowogrod, Ostrolenka und Zambsk findet das Gegentheil statt.

Der Narew fliesst zwischen zahlreichen Schilfinseln, ist bei der Vereinigung mit dem Bug mächtiger als dieser, und ist, die Winterszeit abgerechnet, von Tykoczyn an schiffbar.

Zuflüsse des Narew.
Rechts.
Diese entstehen meist in den Seen und Sümpfen der ost-preussischen Seenplatte, durchfliessen sumpferfüllte Niederungen und haben undurchdringliche, morastige und waldige Ufer.

a) Die **Bobra**. Entsteht aus einem Sumpfe südwestlich von Grodno; Mündung am halben Wege zwischen Tykoczyn und Lomza.

Sie fliesst, vielfach getheilt, zwischen Sümpfen, welche die grösste Ausdehnung in der Gegend um die Netta- und **Lyck**-Mündung und in ihrem untersten Laufe (Bober - Brüche) haben. Er wird im Frühjahre von der Netta - Mündung an beschifft.

b) Der bei Nowgorod mündende **Pisz**.

c) Der unterhalb Ostrolenka mündende **Omulew**.

d) Der oberhalb Zambsk mündende **Orzyce**.

Sie haben einen der Bobra ähnlichen Charakter.

e) Die **Wrka**. Sie entsteht als **Neide** in den Sümpfen der ost-preussischen Seenplatte; Mündung oberhalb Nowogeorgiewsk.

Sie hat versumpfte Ufer und ist im Unterlaufe schiffbar.

Zuflüsse der Weichsel.

Links.

I. Die **Pilica**. Ursprung bei Pilica; Mündung bei Miniszew.

Ihr Lauf gehört bis Przedborz dem Berg - und Hügellande, dann dem flachen, schluchtenreichen „massowischen Tieflande" an, in welchem ihre Thalrinne einen ähnlichen Charakter trägt, wie die der Weichsel, des Wieprz etc. Doch ist, die sumpfigen Wei-tungen des Anfanges und jene von Nowemiasto und Bialobrzegi abgerechnet, beschränkter als jene.

II. Die **Bzura**. Entsteht südöstlich von Zgierz; Mündung gegenüber von Wyszogrod.

Sie fliesst zwischen den niederen Bodenwellen des massowi-schen Tieflandes. Von Lowicz aufwärts bis Leczyca durchfliesst der Fluss zwischen sumpfigen Ufern eine morastige, waldige Nie-derung. Sie bespült das befestigte *Lowicz*.

F. Die Warta.

(Zum Oder-Gebiete.)

Die Warta. Ursprung auf einer Hochfläche bei Kromolow; verlässt unterhalb Peisern Russland.

Sie hat überall flache Ufer, versandet und versumpft leicht.

Ihr wichtigster Nebenfluss rechts ist der Ner, welcher bei Chelmno mündet und durch seine Sümpfe mit der Bzura beinahe in Verbindung steht. Links die die Grenze gegen Preussen bildende **Prozna.**

G. Das Flussgebiet des Niemen (Memel).

Der Niemen. Ursprung am uralisch-baltischen Landrücken, südlich von Minsk; Mündung in das kurische Haff. Er fliesst bis Jansbork auf russischem Boden.

Im Oberlaufe fliesst der Fluss zwischen niederen Höhen und meist flachen Ufern; die Thalsohle ist häufig versumpft. Die rechte Ufergegend ist meist die beherrschende. Das sich später verengende Thal erweitert sich unterhalb Grodno allmälig, und der Niemen fliesst in einem Sandwellengelände tief eingeschnitten, daher zwischen oft hohen und steilen Uferrändern. Auf dieser Strecke wird das rechte Ufer vom linken dominirt.

Der Fluss tritt selten aus, hat oberhalb Grodno 250 Schritte, bei Kowno 300 Schritte Breite, wird bei Bjelica für kleinere und bei Grodno für grössere Fahrzeuge schiffbar.

Die wichtigsten Uebergangspunkte: Nowy-Swerźen, Selecz, Mosty*, Grodno, Kowno.

Militärisch bemerkenswerthe Orte im Thale.

Grodno.
Kowno.

---

* Von den Russen im Jahre 1312 befestigt gewesen.

Zuflüsse des Niemen.

Rechts.

Die **Wilija**. Ursprung am uralisch-karpatischen Landrücken; Mündung bei Kowno.

Sie fliesst anfangs zwischen sumpfigen Ufern durch ein Waldland, weiterhin zwischen Hügeln.

Bei günstigem Wasserstande ist sie schon von Wilejka an schiffbar.

Die wichtigsten Uebergangspunkte: **Wilna** (Citadelle) und Kowno.

Links.

Szara. Ursprung südöstlich von Nowo-Grodek.

Sie steht durch den Oginski-Kanal mit dem Pripet in Verbindung.

Wichtige Communicationen im Weichsel-, oberen Dniester- und oberen Dnjepr-Gebiete.

A. Längenverbindungen.

Die österreichische Provinz Galizien wird ihrer Länge nach von drei sehr guten Längenstrassen durchzogen:

I. Die von Teschen oder von Jablunkau kommende sogenannte Bergstrasse:

Saybusch — Jordanow — Neu-Sandec — Gorlice — Zmigrod — *Dukla* — Miejsce — Sanok — Lisko — Sambor — Stry. Von hier entweder nach Stanislau oder nach Delatyn — Kolomea — Kuty — Kimpolung — Moldawafluss abwärts in die Strasse II.

Diese Route hat eine bergigere Trace, häufigeren Grundbau und besseres Erhaltungsmateriale als die beiden anderen Strassen. Bis Kuty Chaussée, dann Landstrasse.

II. Teschen — Biala — Gdów — Zakluczyn — Jaslo — Miejsce (wo sie die Strasse I. berührt), Przemysl — Grodek — Lemberg — Rohatyn — Halicz — Horodenka — Sniatyn — Stroschenetz — Wikow — Gura Humora — Roman (an der Vereinigung der Moldawa mit dem Sereth) — Bakeu — Fokschani — Rimnik — Bukarest.

Die Strecke von Gura Humora abwärts liegt nicht mehr auf österr. Boden.

Obwohl diese Strasse nicht so vortrefflich ist, wie die Nr. I, so ist sie doch durchgehends Chaussée. In der Moldau lässt die Art ihrer Erhaltung noch manches zu wünschen übrig.

III. Diese kommt von Breslau — Oppeln — Berun. Von letzterem Orte gehen auf beiden Weichselufern Wegstränge nach *Krakau*. Weiters über Wieliczka — Niepolomice — Bochnia — Tarnow — Rzeszow — Jaroslau — Radymno — Jaworow — Lemberg — Zloczow — Tarnopol — Czortkow — Zaleszcziki — Czernowitz — Sereth — Suczawa in die bei II. erwähnte Sereth-Strasse. Oder von Czernowitz direct nach Jassy und weiters nach Galatz, Silistria oder Bukarest; oder zwischen Pruth und Dniester über Kiszenew — Bender — Tiraspol nach Odessa.

B. Querverbindungen.

Von den zahlreichen Querverbindungen, die nur zu localen Zwecken dienen, wird hier ganz abgesehen und es werden nur jene zur Anführung kommen, welche in die Richtung der aus Russland nach dem Innern der Monarchie führenden *Hauptbewegungslinien* für grosse Heereskörper fallen. Ebenso wird von der Darstellung aller aus der Längenverbindung I. nach Süden abgehenden Querverbindungen abgesehen, weil diese bereits an Ort und Stelle der Betrachtung unterzogen worden sind.

I. *Verbindungen in der Hauptrichtung von Warschau, in der linken Ufergegend der Weichsel nach West-Galizien.*

1. Warschau — Petrikau — Czenstochau — Olkusz — Krakau — Teschen.

2. Warschau — Kielce — Krakau — Saybusch — Jordanow oder Neumarkt.

3. Warschau — Opatowice — Tarnow — Gorlice; die Strecke Opatowice — Tarnow theils Landstrasse, theils Landweg, — sonst Chaussée.

4. Warschau — Baranow — Rzeszow; von hier nach Dukla oder Zmigrod. Bis Rzeszow Landweg, dann Landstrasse; später Chaussée.

II. *Verbindungen in der rechten Ufergegend der Weichsel nach Ost-Galizien.*

1. Wilna — Grodno — Bialistok — Warschau — Lublin — Zamosc. Von hier:

a) über Tarnograd — Jaroslau — Przemysl — nach Dukla, Sanok oder Staremiasto;

b) über Tomaszow — Zolkiew — Lemberg — nach Staremiasto oder Stry.

III. *Verbindungen aus dem obern Dnjepr-Gebiete und von Kiew nach Ost-Galizien.*

1. Von Grodno über Bialistok, oder von Bobrujsk längs des Nordrandes der Rokitno-Sümpfe nach Brzesc-Litewski — Ratno — Kowel — Luck — Dubno — Brody — Zloczow — Halicz oder Niznow — Stanislau.

2. Von Minsk oder Bobrujsk — Pinsk — Lubjadz — Dubno in die Linie III. 1., oder nach Ostrog — Starokonstantinow — Kamenec-Podolski — Chotym.

3. Von Rogaczew (am Dnjepr) — Jakunowskaja — Mozyr — Zitomir.

Die drei letztgenannten Verbindungen sind zugleich jene wenigen besseren Communicationen, welche die Pripet-Sümpfe überschreiten.

4. Kiew — Zitomir — Ostrog — Dubno in die. Linie III. 1.

5. Kiew — Berdiczew — Tarnopol in die Linie A. III.

Orographie.

Die wichtigsten orographischen Glieder dieser Gruppe sind:

An Tiefebenen: *a)* Die *kleine,* *b)* die *grosse ungarische* Tiefebene, *c)* die *walachische* und *d)* die *russische* oder *sarmatische* Tiefebene.

An Gebirgen: Die *Karpathen.*

A. Tiefebenen.

a) Die kleine ungarische Tiefebene.

Ihre Grenzen am linken Ufer der Donau werden durch die Städte Pressburg, Szered, Neuhäusel und Parkány bezeichnet. Von den 300 ☐Meilen ihres Flächeninhaltes liegt etwa $\frac{1}{8}$ auf der linken Seite des Stromes, der zwischen den Haupt- und vielen Nebenarmen zahlreiche, dicht mit Gebüsch bewachsene Flussinseln bildet. Die Ebene ist auf der genannten Seite des Flusses überaus fruchtbar und waldlos. Die Schütt-Inseln sind eintönig, aber ebenfalls sehr fruchtbar.

b) Die grosse oder niederungarische Tiefebene.

Zwischen dem Bakony-Walde und den Ausläufern der Karpathen tritt bei Gran und Waitzen die Donau durch eine Stromenge in ihr nächstes Becken, die niederungarische Tiefebene. Ihre Gesammtausdehnung beträgt ca. 1700 ☐Meilen, und sie ist von

Unghvár am Fusse der Waldkarpathen bis Belgrad 65 Meilen lang, vom Plattensee bis Grosswardein 40 Meilen breit. Es soll von ihr nur jener Theil in Betracht gezogen werden, welcher am linken Ufer der Donau liegt. Es ist nicht zweifelhaft, dass die niederungarische Tiefebene den ausgefüllten Kessel eines ehemaligen See's bildet. Die losen Massen, welche die Ebene bilden, sind 500 — 1000' hoch aufgeschichtet.* Das *Pester Becken*, die Mitte der ungarischen Länder, wird durch eine Linie begrenzt, welche über Waitzen — Gyöngyös — Miskolcz — Ujhely — Nagy-Mihály — Unghvár — Munkács — Nagy-Szöllös — Tasnád — Grosswardein — Temesvár — Palánka, längs den slavonischen und serbischen Gebirgen zur Donau führt. Es ist also das eigentliche ungarische Tiefland, das *Alföld*. Dieses von Norden nach Süden geneigte Tiefland senkt sich auch von der Ost- und Westseite zum Theissbette; dieses so wie jene der Körösflüsse sind die tiefsten Stellen des Alföld; von ihnen aus steigen leichte Terrassen, zuweilen scharf abgestuft, auf, und im Randgebiete trifft man unzählige niedrige, meist langgestreckte, dünenartige Sandrücken. So weit diese Sandwellen reichen, fehlt es nicht an Vegetation. Nach der Theiss hin verflachen sich die Hügel, die Landschaft wird eintöniger und öder, fast zur baumlosen Steppe. — Im Norden ist die mittlere Höhe 300', im Süden etwa 250'; im mittleren, waldlosen Theile sind die Niveau-Unterschiede nicht grösser als 280'. Von dem Inundations-Gebiete der Donau und Theiss begrenzt, liegt zwischen beiden Flüssen der trockenere und sandigere Theil des Alföld. Einen grossen Theil dieses von Sanddünen durchzogenen Landstriches bildet die *Kecskeméter Haide*. Zwischen den Sandhügeln liegen zahlreiche, auch zusammenhängende Wasser-Ansammlungen, die im Sommer fast ganz verschwinden; ausserdem bilden zahlreiche trockene Thalrinnen ein grosses Netz. — Der grössere Theil des Alföld liegt zu beiden Seiten der mittleren und an der rechten Seite der unteren Theiss, reicht bis an die siebenbürgische Grenze und erstreckt sich von Munkács bis Pancsova. Die Theile der

---

* Die in Debreczin gebohrten Brunnen haben selbst in 600' Tiefe noch kein aufsteigendes Wasser gegeben, die bei Grosswardein selbst noch nicht bei 960'. Klöden's Erdkunde.

Ebene bei Munkács, Unghvár und Ujhely sind fruchtbare Gebiete.
Die Flächen an der Theiss, Szamos und Kraszna sind sehr versumpft (hier der grosse *Ecseder Sumpf*). Westlich davon liegt
der grosse, kahle, beinahe durchweg waldlose Landstrich *Nyir*,
ein Labyrinth von Sandhügeln und Dünen, deren Lage der Wind
oft ändert und zwischen denen Sümpfe und Lacken liegen. Am
Berettyo und im Unterlaufe der Körösflüsse dehnen sich grosse
Moor- und Sumpfgebiete aus. Durch die vorgenommene Theiss-
Regulirung sind jedoch grosse Sumpfstrecken trocken gelegt worden.

Man nennt die Weiden im Lande *Puszten*, unter welchem
Ausdrucke man grössere, von Ortschaften entfernte Flächen ver-
steht, die wohl grösstentheils zur freien Weide verwendet werden,
aber auch cultivirtes Ackerland und grosse Waldstrecken enthalten.
Der Ackerbau wird von verhältnissmässig wenigen, aber dafür sehr
grossen Ortschaften besorgt. Im Herbste jedoch, wenn die Felder
leer sind, zeigt auch die nächste Umgebung der Ortschaften den
Charakter der Steppe, und die Einförmigkeit wird durch den
Mangel an Verbindungswegen während der schlimmen Jahreszeit
noch gesteigert.

Die Sumpfgegenden und Puszten haben insoferne eine militärische Bedeutung, dass sie oft mit Weiden bewachsene, beinahe
undurchdringliche Schlupfwinkel für einzelne Abtheilungen abge-
ben, deren Bekämpfung um so schwieriger wird, als nur dem orts-
kundigen Einwohner eine Orientirung in denselben möglich ist.
In gleicher Weise üben die sterilen, öden Stellen einen hemmen-
den Einfluss auf die Operationen der Armee, da in den steppen-
artigen Gegenden zwischen Donau und Theiss Mangel an Trink-
wasser und sonstigen Lebensbedürfnissen ist, sowie die geringe
Anzahl von Wohnplätzen die Concentrirungen grösserer Truppen-
massen nicht minder erschwert, als die sandigen Wege ihre Be-
wegungen.

c) Die walachische Tiefebene.

Der grössere Theil des Fürstenthums Romanien bildet längs
des linken Donauufers eine sehr fruchtbare Ebene, welche nur als
die Fortsetzung des grossen südrussischen Tief- und Steppenlandes
erscheint (siehe weiter unten), sich über die Donau - Mündung

fort nach dieser Seite hin erstreckt und deren Grenze gegen
das Gebirge (siehe siebenbürgische Karpathen) durch die Städte
Krajova, Slatina, Pitesti, Plojesti, Foscani und Belgrad bezeichnet
wird. Sie ist, besonders längs des Donaustromes, mit ausgedehnten
Sümpfen, Seen und Waldungen bedeckt.

Romanien ist an Naturproducten eines der gesegnetsten
Länder Europa's und kann bezüglich der Bodenbeschaffenheit wie
der klimatischen Verhältnisse mit der Lombardei verglichen werden. Sowohl in der ehemaligen Walachei als in der Moldau ist
der Boden üppig und fett und hoch mit Dammerde bedeckt. Die
mit fruchtbarem Lehm geschwängerten Flüsse sind zur Bewässe-
rung noch geeigneter, als die der Lombardie. Der Ackerbau liefert,
obwohl noch wenig rationell und ausgedehnt betrieben, einen sehr
guten Ertrag. Die Waldcultur liegt im Allgemeinen sehr darnieder.
Den Hauptreichthum des Landes und einen der wichtigsten Zweige
seines Handels bildet, obwohl auch wenig rationell betrieben, die
Viehzucht.

Gangbarkeit. Die bessere Gangbarkeit der ehemaligen Walachei beginnt erst in der Linie der Vorberge und erstreckt sich
bis an die Donau. Die längs des Donaustromes vorkommenden
ausgedehnten Sumpf- und Moraststrecken, sowie die oft ausgedehnten Waldungen setzen der Bewegung grösserer Truppenkörper
ausserhalb der bestehenden Communicationen grosse Hindernisse in
den Weg. Im Allgemeinen besitzt die Walachei keinen kunstgerecht gebauten grösseren Strassenzug, und es tragen die Communicationen den Charakter mehr oder weniger erhaltener, meist
aber den der gewöhnlichen Fahrwege, welche nur bei trockener
Witterung mit schweren Fuhrwerken befahren werden können.

Mit dem Communicationswesen der ehemligen Moldau ist es
besser bestellt, da sich hier einige kunstgerecht angelegte, den
Chaussée-Charakter tragende grössere Strassenzüge vorfinden.

d) Die russische oder sarmatische Tiefebene.

Von den Karpathen bis zum Ural dehnt sich auf mehr als
330 Meilen, ohne irgend eine Gebirgserhöhung, ein einziges mäch-
tiges Tiefland aus, eine wellige Ebene, welche fast überall den
Horizont frei lässt; sie bildet grösstentheils, und zwar namentlich

im Süden, sogenannte Steppen, welche unermesslich weit dem
Auge ein und dieselbe einförmige, ertödtende Gleichmässigkeit der
Bodenerstreckung und Bedeckung darbieten. Wo Hügel innerhalb
derselben erscheinen, da sind es künstlich aufgeworfene, aus alten
Zeiten stammende Kriegergräber. Wo sich die Ebene zu einem
Höhenzuge oder Tafellande erhebt, ist das Ansteigen ein so all-
mäliges, dass man dessen nicht gewahr wird. Zwei Landrücken
durchziehen von Osten nach Westen das ganze Tiefland und
scheiden es in eine nördliche und südliche Abdachung und ein
zwischen beiden gelegenes Mittelland.

Zur leichteren Orientirung folgen wir bei der Darstellung
dieses Tieflandes der Eintheilung nach Regionen *, nehmen aber
von diesen nur jene, welche in den Bereich der vorliegenden Arbeit
gehören.

1. **Der uralisch-baltische Landrücken,** oder die Region der
alaunischen Höhen. Dieser läuft vom Uralgebirge aus, bildet in
Ostrussland die Wasserscheide zwischen den Gewässern des Kaspi-
schen und Arktischen Meeres und erreicht bei der Wolga- und
Düna-Quelle in der *Waldai-Höhe*, deren westlicher Rand *Wol-
chonski-Wald* heisst, die Höhe von circa 700'. Dieser wellige
3 bis 400' hohe flache Rücken ist mit dichten Nadelholzwaldungen bedeckt; sein Ansteigen ist übrigens so gering und allmälig,
dass eine eigentliche Höhe nirgends sichtbar ist. Weiters trifft er
auf den Niemen, bleibt dann dem baltischen Meere nahe, dessen
südliche Küste er nach Westen hin begleitet, ohne aber bis zu
derselben heranzutreten. Die grossen, nach Norden mündenden
Ströme Niemen und Weichsel durchbrechen ihn in Querfurchen,
und an diesen Stellen wird durch die hohen Uferränder vorzüglich
deutlich, dass er eine Bodenanschwellung ist.

Das Gouvernement Augustowo ** ist zum Theil Ebene, zum
Theil vom Landrücken und dessen Ausläufern erfüllt. — Die Re-
gion nördlich von Mariampol ist Ebene, welche im östlichen
Theile waldig, ganz am Niemen auch leicht hügelig, sumpfig und

---

* Lehrbuch der Geographie für Militär-Akademien.

** Um die Orientirung auf der Karte (Europa von Scheda) zu erleich-
tern, folgen wir bei der Besprechung der einzelnen Abschnitte noch der
alten politischen Eintheilung.

von sumpfigen Flussbetten durchzogen, im westlichen Theile aber waldlos, bebaut und volkreich ist. Südlich von Mariampol ist das Gouvernement von dem Landrücken und seinen Ausläufern durchzogen. Südlich von Augustowo machen waldige Sümpfe und Wälder das Land schwer gangbar; von Nowgorod am Narew bis zur preussischen Grenze reichen ungeheure Wälder. Das Gouvernement treibt fast nur Feldbau und Forstwesen; gute Wiesen sind nur wenig vorhanden. — Vom Gouvernement Plock ist $\frac{1}{3}$ mit Wald bedeckt, wovon beinahe die Hälfte in dem kleinen östlichen Theile, der übrige Theil am rechten Ufer der Weichsel und an den Ufern der Wkra liegt. Der Norden und namentlich der Nordosten ist durch Flüsse, Sümpfe und zahlreiche Seen coupirt. Das Gouvernement ist reich an Wiesen.

2. **Das obere Dnjepr - Becken.** Dieses ist eine circa 100 Meilen lange und im Mittel circa 30 Meilen breite Ebene, welche von Brzesc - Litewski bis Czerkazy reicht. Sie wird beinahe zur Hälfte von den, 1500 ☐Meilen bedeckenden Rokitno - Morästen eingenommen, die, zum grossen Theile mit alten Waldungen bedeckt, alljährlich durch Ueberschwemmungen in einen grossen Binnensee verwandelt werden. Die Grenzen dieses Beckens werden durch die Lage der Städte Luck, Zitomir, Bobrujsk und Czernigrow bezeichnet; es schliesst Theile des Gouvernements Minsk und Kiew in sich.

3. **Die karpathische Region.** Sie reicht vom Dnjepr bis zum Pruth und hat im Norden die fruchtbaren *Hügellandschaften von Volhynien und Nordpodolien*, im Süden und Südosten die *Steppen von Bessarabien und der Gouvernements Cherson und Jekaterinoslaw*. Die Steppen dieser drei Gouvernements leiden entschieden an dem nöthigen Holzvorrath. — Sie beginnen im Westen im unteren Bessarabien, wo sie in der Nachbarschaft der Flüsse und anderwärts dem Weinbau günstig, an der Donau aber mit Schilf bedeckt und ungesund sind. Das Cherson'sche Gouvernement ist eine, von tiefen schmalen Thalschluchten, Bálki genannt, durchschnittene Ebene mit hartem Boden, welche oft von Dürre und Misswachs, sowie von der Heuschreckenplage zu leiden hat. Die besondere Wichtigkeit dieses Landes ruht in seinen Seehandelsplätzen, in seiner Viehzucht und in den zahlreichen Colonien. Die Zahl der deutschen, bulgarischen und hebräischen Colonisten ins-

gesammt ist bei 212.000. Der Ackerbau in diesen südrussischen Colonien ist ein blühender. Ganz besonders erwähnenswerth sind aber die Baumpflanzungen, zu welchen alle Ansiedler verpflichtet sind; auch muss jedes Feld mit lebendigen Zäunen umheckt werden. Die Fortsetzung gegen Osten bildet

4. das südrussische Steppenplateau, welches vom Dnjepr östlich bis an die Wolga reicht.

Die karpathische Region, das südrussische Steppenplateau und dessen östliche Fortsetzung zum Ural bilden die uralisch - karpathische Landhöhe, welche ebenfalls von grossen Strömen, wie z. B. Dnjepr, durchbrochen wird. Der genannte Fluss namentlich hat in der Ukraine ein tiefes Felsenbett und hie und da Ufer von 250' Höhe.

Die weitere Fortsetzung der uralisch - baltischen Landhöhe gegen Nordwesten wird durch die galizische Hochebene nördlich des Dniesters gebildet, welche alle ihre Wässer, durch meist tief eingeschnittene und enge Thäler, in vielen parallel laufenden, von unzähligen Teichen und sumpfigen Ufern begleiteten Bächen dem Dniester zusendet. — Die Richtung weiter nach NW. verfolgt, führt am linken Ufer der Weichsel, zwischen San-Mündung und Pilica, zu der aus fünf gegen SO. ziehenden Ketten bestehenden *Berggruppe von Sandomierz* oder der *Lysa Gora*, welche im culminirenden Gipfel die Höhe von 2000' erreicht.

Das Land zwischen Weichsel und Bug ist im nördlichen Theile von grossen Wäldern durchzogen, im südlichen zum Theile bergig, von Schluchten durchzogen und mit Wäldern bedeckt; die nördlichen $^2/_3$, nördlich von Lublin, sind eben. Hier ist $^1/_4$ des Landes mit Wald bedeckt, und im Frühjahre versumpfen die Flüsse, da sie wenig Fall haben; daher herrschen Fieber und Weichselzopf, namentlich im Thale des Wieprz. — Das Land zwischen Weichsel und Pilica ist der unebenste Theil Polens. Der Theil der Sandomierzer Berge, welcher an der Weichsel liegt, bildet die fruchtbarste Strecke; aber tiefe Schluchten und Hohlwege hindern den Verkehr. Eben ist nur die Landschaft rechts der untern Pilica, die zur Hälfte mit Wäldern bedeckt ist. Die südlichen Theile dieses Abschnittes sind dagegen holzarm. Im Allgemeinen nehmen die Wälder $^1/_4$ des Raumes ein, sind aber sehr zerstreut. Sumpfige Strecken sind im Ganzen in diesem hochgelegenen Gouvernement wenige vorhanden. Der Landbau ist im östlichen Theile bedeutend, die guten Wiesen an der Weichsel befördern die Viehzucht. Das ehemalige Gouvernement Warschau ist eine gegen die Weichsel geneigte Ebene, welche im südlichen Theile wellig ist. Im N. und NW. von Warschau liegen Sümpfe, welche auch westlich bis an die Grenze von Posen ziehen; sie sind fast ganz mit Wald bedeckt. Ausserdem gibt es fast undurchdringliche Wälder längs der Warta von Sieradz bis an die preussische Grenze, sowie an der obern Warta und Pilica. Mehr als die Hälfte des ganzen Gouvernements sind Wälder. Wegen des ungünstigen Bodens ist in diesem Gouvernement der Feldbau schlecht bestellt, allenfalls die an der Weichsel gelegenen Theile ausgenommen.

B. Gebirge.

Die Karpathen.

Ihre Grenzen sind: im W. die March, Beczwa und Oder; im N. das germanische und sarmatische Tiefland; im O. das sarmatische Tiefland; im S. das walachische und ungarische Tiefland.

Die Karpathen, deren grösste Ausdehnung in der Richtung WNW. nach OSO. ungefähr 110 M. beträgt, bedecken mit ihren Ausläufern, bei einer zwischen 10 und 50 M. wechselnden Breite, einen Raum von c. 4400 □M. und hängen am Sattel von Weisskirchen mit dem Gebirgssysteme der Sudeten zusammen. Sie bestehen aus einem grossen Zuge von Mittelgebirgs-Landschaften, aus denen eine kleine Urgebirgs-Insel, die hohe Tatra, sich fast zur Hochgebirgshöhe erhebt.

Sie zerfallen in vier grosse Hauptabtheilungen:

A. in die oberungarischen Karpathen;

B. in das ungarische Waldgebirge;

C. in die siebenbürgischen Karpathen;

D. die Gebirge der Bukowina.

A. Die oberungarischen Karpathen.

Sie bilden den westlichen Theil des karpathischen Gebirgs-
landes und reichen von der Donau (bei Pressburg) bis zum Sattel
von Tylicz (Strasse von Bartfeld nach Neu-Sandec). Ihre südlichen
und nördlichen Vorlagen bedecken alles Land zwischen der March
im W., dem Donau-Thale und den Ebenen der mittleren Theiss
im S. und dem Weichsel-Thale im N.

Sie bestehen aus mehreren Gebirgsgruppen, unter denen
in den Quellgebieten der Arva, Waag, des Dunajec und Poprad
die Centralmasse der oberungarischen Karpathen, die *hohe Tatra*,
in einer Länge von ca. 8 Meilen von O. nach W. bei einer
Breite von 2—3 Meilen als eine Hochgebirgsinsel emporsteigt.

Den Charakter des Hochgebirges erhält diese Gruppe jedoch
nicht sowohl durch die absolute Höhe ihrer Gipfel, von denen
keiner die Grenze des ewigen Schnee's überragt (Lomnitzer-, Gerls-
dorfer- und Eisthalerspitze, jede nahezu 8300' Gipfel), als vielmehr durch die ausgezeichnete, oft thurmähnliche Form dieser steilen, felsigen und nackten Gipfel und durch die Höhe
und Geschlossenheit ihres Kammes, der sich zwischen 6000 und
7000' Höhe hält. Umgeben ist diese Hochgebirgsinsel mit kleineren
und grösseren Plateaux von 1500—2000' Höhe (die *Arvaer, Liptauer,
Zipser* und *Neumarkter Ebene*), welche sie von den waldigen
Mittelgebirgen im N., S., O. und W. trennen.

Diese Mittelgebirge sind:

Bei Pressburg beginnen die im Mittel 1500' hohen, gegen
March und Waag steil abfallenden *kleinen Karpathen*, deren weitere
Fortsetzung bis an die Kysuca die meist steil gegen die Waag
abfallenden *weissen Karpathen* (im nördlichen Theile auch *Javornik-Gebirge* genannt) bilden. Parallel mit dem Javornik-Gebirge
zieht das zwischen der oberen und unteren Beczwa beginnende und
bis an die Sola reichende *Jablunka-Gebirge*. Ein Zweig dieses Gebirges zieht gegen Weisskirchen (nördlich der unteren Beczwa) und
bewerkstelligt den orographischen Zusammenhang der Karpathen
mit den Sudeten.

Die Fortsetzung des Javornik-Gebirges jenseits der Kysuca
bilden die *Beskiden* (c. G. Babia Gura 5400' hoch), welche an
der Grenze zwischen Ungarn und Galizien ziehen, vom Dunajec

und Poprad durchbrochen werden und am Sattel von Tylicz endigen. Sie sind ein bewaldetes Gebirge von 2000 ' allgemeiner Höhe. Die Ausläufer der Beskiden gegen N. streichen im westlichen Theile bis gegen die Weichsel und sind oft höher als der Hauptrücken. Am westlichen Ufer des Dunajec breitet sich ein niederes, waldiges Mittelgebirge aus, welches sich zwischen der Arva und Raba vom Hauptrücken abzweigt und sich gegen N. zwischen Skawa, Raba und Dunajec verflacht. Aehnliche Zweige gehen östlich des Dunajec gegen N, die in der Linie Bochnia—Jaroslau in das bekannte Sandhügelgelände übergehen. Ein südlicher Ausläufer der Beskiden an den Quellen der weissen Arva ist die *Arvaer Magura*, welche die Thalengen von Strccsno und Rosenberg im Vereine mit den später zur Erwähnung gelangenden Liptauer Alpen bilden hilft. Alle, den genannten Gebirgszügen im Süden vorliegenden Gebirge bestehen aus mehreren, durch die Thäler der Neutra, Gran, Eipel und des Sajó getrennten Berghaufen, die im Allgemeinen in der Hauptrichtung von Ost nach West streichen. Ueberall, von der Gran-Mündung bis zum Hernád, hebt sich das Gebirge mit sanften, rebenbeflanzten Hügeln aus dem Donauthale und der Ebene empor, aber eine grosse Zahl kegel - und kuppenförmiger Gipfel verleiht dem Gebirge sehr markirte Umrisse; im Uebrigen zeigt sich aber als Grundform ein terrassenförmiger Aufbau des ganzen Gebirges von der Donau bis zur Liptauer und Käsmarker Ebene, in welchem die Längenthäler der Eipel und des Sajó, sowie der oberen Gran und des oberen Hernád als Einsenkungen zwischen den amphiteatralisch aufsteigenden Gebirgen erscheinen.

Parallel mit den kleinen und weissen Karpathen und zwischen Waag, Turocz und Neutra ziehend, streicht das *Rajecz*, dann das *Galgóczer (Neustadtler) Gebirge*. Zwischen Turocz und Neutra einerseits und Gran anderseits streicht das erzreiche Gebirge der *grossen Fatra (ungarisches Erzgebirge)*, mit welchem wieder die mächtige, wenig gangbare Kette der *Liptauer Alpen* verbunden ist, die unter west-östlichem Streichen zwischen Waag, Hernád, Gran und Sajó über den Djumbir (6500 ' hoch), die Kralowa hora u. a. m. bis in die Nähe von Kaschau zieht. — Nördlich der Liptauer Alpen, zwischen Hernád, Tarcza und Poprad, liegt das *Zipser Gebirge*. — Als südliche Vorlage der Liptauer Alpen und mit diesen an der Kralowa hora zusammenhängend, erscheint eine vielgegliederte, reich bewaldete, mit dem culminirenden Gipfel die Höhe von 4000 ' erreichende Begmasse, deren wichtigste Theile folgende sind: Das *Libeten*-Gebirge zwischen Szlatina und Gran, dessen Fortsetzung zwischen Szlatina, Gran und Eipel bis zur kleinen ungarischen Tiefebene die *Ostrowsky-Kette* heisst; das *Gebirge von Gömör* zwischen Rima und Sajó; das *Gebirge von Torna* zwischen Sajó und Hernád. Den letzterwähnten Vorlagen liegen zwischen Eipel, Rima und Sajó wieder andere Vorlagen vor, welche sich meistens ziemlich steil gegen die ungarische Tiefebene abfussen, zwischen Eipel und Zagyva das *Neograder*, zwischen Zagyva und Eger das *Mátra-*, und endlich zwischen Eger und Sajó das *Bük-Gebirge* genannt werden. — Als der letzte Theil der oberungarischen Karpathen kann jener Gebirgszug angesehen werden, welcher zwischen Tarcza und Hernád einer-, Topla und Bodrog anderseits liegt, im nördlichen Theile das Sóovarer Gebirge, im südlichen Theile die *Hegyallja* heisst und an der Theiss-Ebene bei Tokay endet.

Gangbarkeit. Die weissen Karpathen sind im Allgemeinen gut gangbar; die kleinen Karpathen besitzen, namentlich im nördlichen Theile, wenige gut fahrbare Verbindungen. Die flachen Formen und tiefen Sättel der Beskiden machen das Gebirge gut gangbar. Es ist vielfach von Fahrwegen durchzogen, welche besonders auf galizischer Seite um Saybusch herum gut erhalten sind. Bei starken Regengüssen, deren Folge grosse Ueberschwemmungen bilden, ist abseits von den Hauptstrassen nicht fortzukommen, da sie die Communication Tage lang unterbrechen. Diese Hochwässer treten von Mitte Mai bis Juni und im September ein. — Einige höchst beschwerliche und gefahrvolle Fussteige und Gebirgswege abgerechnet, welche nur kleinen Streifpartien das Fortkommen gestatten, gibt es über das Tatra-Hochgebirge in einer Ausdehnung von 8 Meilen keinen fahrbaren Weg von Ungarn nach Galizien. — Die Gangbarkeit der nördlichen Abfälle beschränkt sich, die grossen Heerstrassen abgerechnet, auf zahlreiche, oft nur zur Noth benützbare Fahrwege. — Die südlichen Vorlagen der Beskiden und der hohen Tatra sind durch ihre Formation der Ausbreitung eines entsprechenden Communicationssystems weniger hinderlich, als durch die Beschaffenheit der Thäler, ihre theilweis geringe Cultur und dünne Bevölkerung. Im Allgemeinen sind sie von guten Strassen durchzogen, welche, wenn sie das Gebirge übersetzen, häufig durch Defiléen ziehen. Das Nähere siehe Hydrographie.

B. Das ungarische Waldgebirge.

Es zieht vom Passe von Tylicz bis zum Galatzberge an der Nordgrenze Siebenbürgens in der Richtung WNW. nach OSO. in einer wechselnden Breite von 10—15 Meilen, besteht aus einer Anhäufung von vielen in verschiedenen Richtungen streichenden, dicht bewaldeten Bergzügen und Berggruppen, die, obgleich ihre höchsten Kuppen sich selten über 6000' Höhe erheben, doch namentlich im östlichen Theile eine schwer gangbare Scheidewand zwischen dem osteuropäischen Tieflande und dem nordöstlichen Theile der niederungarischen Tiefebene bilden.

Dem Gebirge fehlen Längenthäler; desto zahlreicher sind die Querthäler, welche die Gewässer oft durch feuchte, sumpfige Gründe südwärts zur Theiss oder nordwärts zum Dniester leiten. — An der Chaussée Bartfeld-Dukla hat der Rücken eine durchschnittliche Höhe von 1500—2000', erhebt sich dann bald zu 3000' und fällt bei Verecake an den Quellen der Latorcza wieder zur durchschnittlichen Höhe von 2000' ab. Oestlich der Talabor-Quelle ist das Gebirge ein waldiger, stellenweise über 6000' hoher, breiter Rücken mit Alpenformation.

Abzweigungen des ungarischen Waldgebirges gegen Süden:

Zwischen dem Topla-, Ondawa- und Laborcza-Fluss haben sie, so lange sie dem Hauptrücken noch nahe und Mittelgebirge sind, meist kahle, hie und da mit Gebüsch bewachsene Rücken; ihre Thäler sind in den höheren Partien schluchtenartig, tief eingerissen und kahl, die Bergfüsse längs der breiten Thalsohle des Topla-Flusses und im Ondawa-Thale jedoch bebaut. — Die in mehreren Ketten dem Hauptrücken fast parallel vorliegenden südlichen Vorlagen zwischen Laborcza, Ungh und Latorcza haben meist steile Formen und breite Thalsohlen, die Rücken sind stark bewaldet. — Weiter östlich verzweigen sich die verschiedenen langgestreckten hohen Aeste zwischen den Flüssen Ag, Talabor, Taracz und Viso. Ihre waldigen, steilen Hänge enden meist in kurzen, schroffen Absätzen an obigen Flüssen, welche meistens als Gebirgswässer dem Hauptstrome zustürzen.

Nördliche Abzweigungen:

Die nördlichen Abfälle des westlichen Theiles des ungarischen Waldgebirges bilden mehrere, meist mit dem Hauptrücken gleichlaufende Gebirgszüge, von denen die dem Hauptrücken nächsten meist gleich hoch mit demselben sind, während die weiter nördlichen mehr und mehr an Höhe abnehmen und sich endlich als niedere Bergreihen zwischen den Flüssen Wisloka, San, Dniester und Stry verlaufen. Sie haben fast alle breite, bewaldete Rücken mit mässig steilen Hängen, die sich gegen die Thalsohle sanfter gestalten. — Weiter östlich reichen die Ausläufer bis an den Dniester und Pruth und zertheilen sich zwischen den Flüssen Swica, Lomnica, Bistrica, Pruth und Czeremosz als langgestreckte hohe Zweige, in denen ebenfalls die Alpenform vorherrscht. Ihr sonstiger Charakter gleicht jenem der südlichen Verzweigungen.

Gangbarkeit. Obwohl das ungarische Waldgebirge nur eine geringe Ausdehnung in der Breite hat, so ist es doch viel schwieriger zu überschreiten, als es seine geringe Höhe erwarten lässt Die Gangbarkeit desselben wird nicht unbedeutend erschwert durch das Fehlen eines entsprechenden Culturbodens, durch die spärliche Bewohnung und durch die oft sumpfige Beschaffenheit der Thäler.

Der westliche Theil des Gebirges ist der gangbarste des ganzen Karpathenzuges. Die südlichen Zweige dieses Gebirgstheiles haben zahlreiche, mitunter recht gute Fahrwege; in den nördlichen Abfällen gibt es schlechte Fahrwege, welche zur Verbindung der Gebirgsdörfer dienen und meist in den Thalsohlen ziehen.

Der Verfasser der oft benützten „geographisch-statistischen Uebersicht Galiziens und der Bukowina" schildert den Charakter des östlichen Theiles des ungarischen Waldgebirges wie folgt:

„Der Hauptcharakter des Gebirges ist wildromantisch; fin-„stere Wälder und rauhe Steinmassen wechseln mit wundervollen „Thälern ab, in denen Wasserfälle, Teiche und die mannigfaltig-„sten Bodenbildungen eine herrliche Natur entfalten.

„Die in ihren oberen Theilen engen und sich nur allmälig „erweiternden Thäler sind erst im untern Theile, sowohl auf gali-„zischer als auf ungarischer Seite, von guten Fahrwegen durchzogen,

„die der ökonomischen Zwecke halber manchmal bis zum Ursprunge
„der Thäler hinaufführen, dann aber auch oft plötzlich aufhören.

„Obwohl für Militär-Fuhrwerke nur die Chaussée Delatyn-
„Szigeth brauchbar ist, so könnten doch auch ohne grosse Schwie-
„rigkeit die Wege von Dolina nach Huszth und von Nadworna
„nach Tecsö zu Militärzwecken hergerichtet werden.

„Die Uebergangs-Schwierigkeiten dieses Waldgebirges be-
„stehen nicht etwa in einer besonders steilen, felsigen oder zerris-
„senen Beschaffenheit des Rückens, sondern vielmehr in der gros-
„sen Ausdehnung und Beschaffenheit des denselben bedeckenden
„Urwaldes, in welchem nur mit kundigen Führern auf dem oft
„versumpften und durch umgestürzte Bäume versperrten Pfade
„weiter zu kommen ist.

„Der Verkehr zwischen den beiderseitigen Grenzgegenden ist
„hier äusserst gering, wesshalb auch nichts zur Herstellung von
„Wegen geschieht.

„Längs der Grenze gibt es dagegen einige bequeme Wege,
„Durchhaue," von welchen übrigens nur wenige Reitsteige als Sei-
„tenverbindungen auf den abgehenden Gebirgszweigen nach Gali-
„zien und Ungarn hinführen. Am zahlreichsten sind dieselben auf
„der galizischen Seite in der 22 ☐M. grossen gräflich Renard-
„schen Besitzung Nadworna, auf ungarischer Seite dagegen in der
„k. k. Cameral-Besitzung Szigeth, die einen Flächenraum von
„50 ☐M. hat; in beiden Besitzungen gibt's auch fast in jedem
„Thale gute Fahrwege für die Waldmanipulation.

„Die Bewegung, Verpflegung und Unterkunft für Gebirgs-
„Uebergänge mit Truppen ist nach alledem in diesen Gegenden
„eine höchst beschränkte. Wenn selbe gegen Szigeth zu auch im
„Allgemeinen besser sind, so gibt's auf galizischer Seite, abseits
„der Strasse Dolina—Nadworna—Delatyn auch nur höchstens ver-
„einzelte Försterhäuser, die menschliches Dasein in dieser Wildniss
„verrathen." — Das Nähere siehe Hydrographie.

C. Die siebenbürgischen Karpathen.

Siebenbürgen ist ein Hochland, das sich an seine Rand-
gebirge lehnt, die es im Raume eines Viereckes umziehen, und von
denen die im Süden und im Osten, als höhere und alpige Grenz-

gebirge, auch die unwegsamsten sind. Das im Innern bergige Hochland hat eine mittlere Höhe von 1500', ist ein von All- und Diluvium bedecktes fruchtbares Land, eingefurcht durch engere und weitere Thäler.

Alle Gewässer der inneren Gebirgsseiten und des Unterlandes vereinigen sich unter verschiedenen Richtungen in drei durchbrechenden Flüssen: Die dem östlichen und südlichen Gebirge angehörige Aluta durchbricht in engem Felsengrunde die Südseite; die unfern von jener entspringende Maros minder beengt die Westseite, und die Szamos im Bogenlaufe die Nordseite des Viereckes.

Am Galatz-Berge beginnen die *transylvanischen Alpen*, welche längs der Ost- und Südgrenze Siebenbürgens ziehen, dann in die banatische Militärgrenze übertreten und an der Donau endigen, wo sie den serbischen Gebirgen gegenübertreten und hier den Donaustrom zur Felsenpforte einengen. Sie sind bis Csik-Szereda hoch und geschlossen, nehmen dann an Höhe ab, um sich bei Kronstadt wieder zu einer mächtigen Kette zu erheben, welche von Törzburg bis zum Alt-Durchbruche das Aussehen eines scheinbar allenthalben gleich hohen, in keinem Punkte unter das Niveau von 7000' herabsinkenden Gebirges hat, und sich im c. G. des Negoi bis über 8000' Höhe erhebt. — Von den transylvanischen Alpen löst sich ein Zug ab, welcher als Wasserscheide zwischen Maros und Alt in's Innere von Siebenbürgen zieht, sich hier an das *Hargitta-Gebirge* anschliesst, welches vom nördlichen Umbuge der Máros zum südlichen Umbuge der Alt zieht, mit seinen bewaldeten Ausläufern alles Land zwischen Maros und Alt bedeckt und im c. G. die Höhe von 5500' erreicht. Diese innere Kette umschliesst im Nord und West den Kronstädter Kessel. — Die östlichen Ausläufer der Ostumrandung haben noch mehrere Meilen im romanischen Gebiete den Charakter eines sehr rauhen, bewaldeten, unwirthbaren und zerrissenen, im Allgemeinen 4000' hohen Mittelgebirges, welches an Höhe und Rauhheit allmälig abnimmt und gegen das rechte Ufer des Sereth in ein mehr cultivirtes Berg- und Hügelland übergeht.

Die südliche Umrandung Siebenbürgens sendet ihre Ausläufer nördlich gegen die Maros und Alt und südlich gegen die wallachische Tiefebene. Vom Cerna-Gebirge abgesehen, welches um die

Quellen des Čorna-Flusses herumzieht, steil gegen das linke Ufer desselben abfällt, den Fluss bis zu seiner Mündung begleitet und von hier bis Turn-Severin steil und felsig zur Donau abstürzt (eiserne Thor), kann die südliche Grenze des Gebirges durch eine Linie bezeichnet werden, welche durch die Städte: Krajova, Szlatina, Pitesti, Plojesti, Focsani, Tecuci, Kagul und Bolgrad markirt wird. Die Banater Gebirge endigen westwärts in der Linie Weisskirchen-Temesvár—Arad. Sie werden durch die Thalmulde der oberen Temes vom Erzgebirge, durch den Spalt des Černabaches vom Westende der transylvanischen Alpen getrennt. So umwallen die transylvanischen Alpen die Ost- und Südseite des vierseitigen Hochlandes mit hohen Gebirgsketten, welche steil, mit kurzen Querjochen gegen die benachbarten Ebenen im Süden, mit breiteren Vorstufen gegen Osten abfallen. Sie sind mit Waldungen bedeckt, und wenn auch ewige Schneefelder fehlen, so sind die höchsten Gipfel nur wenige Wochen von Schnee entblösst und in den Schluchten und Spalten des Gebirges übersommern Schnee- und Eismassen.

Den Nordrand des siebenbürgischen Hochlandes bildet das *Laposch-Gebirge*, welches vom Galatz-Berge westwärts über den 7000' hohen Ineu längs der Grenze Siebenbürgens zieht, später nach Ungarn übertritt, um in der Gegend von Huszth an der Theiss zu endigen.

Die Westseite von Siebenbürgen bildet das zu beiden Seiten sich sanft abdachende, im *Bikar-Gebirge* (an den Quellen der kleinen Szamos, der Aranyos und schwarzen Körös) die Höhe von 5800' erreichende *ungarisch-siebenbürgische Erzgebirge*, welches unter mannigfachen Benennungen bis zum Maros-Durchbruche zieht und aus einer Zahl meist ost-westlich orientirter, mannigfach verschlungener und verbundener Gebirgsketten besteht.

Gangbarkeit im Allgemeinen. Wenn wir uns die Umrandung des Hochlandes näher besehen, so spricht sich ein ganz entschiedener Gegensatz zwischen den wenig gangbaren Ketten der transylvanischen Alpen der Ost- und Südseite und der Nordseite einerseits, und den milderen Formen der oft durchbrochenen, daher viel gangbareren Gebirge der Westumrandung anderseits aus. In den östlichen Grenzgebirgen erschwert der Lehmboden der engen Thalsohlen zur Regenzeit die Benützung der vorhandenen, nicht erhaltenen Communicationen wesentlich, während die zu solcher

Zeit reissenden Gebirgsbäche den Verkehr manchesmal geradezu gefährlich machen. Die Gangbarkeit der südlichen Umrandung wird durch zahlreiche, zu den Alpenweiden führende Saum- und Fusswege erleichtert, auf deren Benützung jedoch nur im Hochsommer zu rechnen ist. Sehr mühsam zu ersteigen, machen starke Regen und die schon im November beginnenden mächtigen Schneefälle sie fast unprakticable. Unter allen Grenzgebirgen ist jenes im Nordwesten des Landes das zugänglichste, bewohnteste und cultivirteste, während die anderen entschiedenen Mangel an Unterkünften und Subsistenzmitteln haben. Die Hauptcommunicationen im Innern folgen meist den grossen Flussthälern. Näheres darüber siehe „Hydrographie."

D. Die Gebirge der Bukowina.

Die Bukowina zeigt eine besondere Gebirgsformation. Es zieht nämlich am rechten Ufer des Czeremosz ein hoher Waldrücken sanft fallend gegen Czernowitz, dessen Lehne gegen Westen steil und zusammenhängend ist und welcher gegen Osten und Südosten viele Zweige entsendet, zwischen denen die Flüsse der Bukowina gegen die Moldau abfliessen.

Nach dem schon vorhin citirten Werke „geographisch-statistische Uebersicht Galiziens und der Bukowina" liegen die Bette dieser Flüsse derart terrassenförmig übereinander, dass der Sereth 80° höher als der Pruth, die Sucsawa 140°, die Moldawa 170°, die Bistrica aber um mehr als 300° höher als Czernowitz an jenen Stellen fliessen, wo sie von der Siebenbürger Hauptstrasse berührt werden.

Dem entsprechend steigen auch die Rücken terassenförmig immer höher und rauher an und gehen allmällig vom waldigen Hochlande am Pruth zum 5--7000' hohen Alpengebirge an den Bistrica- und Szamos-Quellen über.

Eisenbahnen.

I. Das Eisenbahnnetz Russlands.

Die weittragende militärische Bedeutung der Eisenbahnen ist eine so festgestellte Thatsache, dass wir uns bei ihrer Darstellung unmöglich an die gesteckten geographischen Grenzen des bereits oro - und hydrographisch beschriebenen Raumes binden können. Wir wollen vielmehr versuchen, dass russische Eisenbahnnetz in seiner Gesammtheit dem Leser vor die Augen zu führen, ihm dadurch das Mittel bieten, sich über die strategische Bedeutung und Entwicklung desselben ein richtiges Urtheil zu bilden.

Wenn auch die in neuerer Zeit unternommenen Versuche zur Annahme einer gesunden Handels- und Zollpolitik einen ziemlich ungünstigen Verlauf nahmen, so kann nicht geleugnet werden, dass in Bezug auf das Eisenbahnwesen die Versäumnisse der nikolaitischen Periode nachgeholt wurden. Nach dem geographischen Jahrbuche für 1870 betrug die Länge der befahrenen russischen Eisenbahnen:

im Jahre 1860 . . . . 214.$_4$ g. M.

„ „ 1865 . . . . 555.$_1$ „ „

„ „ 1867 . . . . 732.$_3$ „ „

„ „ 1869 . . . . 1241.$_0$ „ „

Die meisten Bahnen wurden durch Private und durch die Landschaftsverwaltungen in Angriff genommen. Der Aufschwung der Eisenbahnbauten ist jedoch von einem Ueberwuchern schwindelhafter Actienspeculationen begleitet gewesen, das noch gegenwärtig zunimmt, und dessen trauriges Ende sich aber schon jetzt unschwer voraussehen lässt.

Dass bei der Concessionirung der verschiedenen Linien die militärischen Interessen zuerst ins Auge gefasst wurden, lehrt uns ein Blick auf die Karte. Die zahlreichen, aus dem Inneren des Landes gegen die Grenzen führenden Stränge, welche uns ebenso viele Anmarsch- als Concentrirungslinien zeigen; die mehrfachen, meist auf Festungen oder wichtige Seeplätze sich anlehnenden, zur Landesgrenze parallel laufenden Linien, welche zugleich auch als Rocade-Linien eine Bedeutung haben: beweisen die Richtigkeit der oben ausgesprochenen Ansicht. Von ganz besonderer militärischer Wichtigkeit ist der Umstand, dass die russischen Eisenbahnen, jene am linken Weichselufer abgerechnet, eine von den österreichischen Eisenbahnen verschiedene Spurweite besitzen. Letztere beträgt bei den österreichischen Bahnen 4' 8½'', bei den russischen 5' (englisch).

Als Centralpunkt des grossen Eisenbahnnetzes in Russland kann *Orel* angesehen werden, indem von hier aus Verbindungen nach dem Schwarzen Meere, dem Asow'schen Meere, der Ostsee, dem Finnischen und Rigaischen Busen existiren. Und in der That ist dieser Punkt gut gewählt, denn abgesehen von seiner sonstigen militärischen Bedeutung, welche auf seiner günstigen Lage beruht, ist Orel der Mittelpunkt jener reichen Provinzen des Reiches, deren trefflicher Boden, bekannt unter dem Namen „schwarze Erde", einen Ueberfluss an Früchten aller Art erzeugt, hinreichend, grosse Ländergebiete mit ihnen vollkommen zu versorgen.

A. Von Nordwest nach Südost führende Bahnen.*
(Transversal-Linien.)

I. Helsingsfors (Finnland) — Wiborg (Festung am Finnischen Meerbusen) — Petersburg -- Moskau — Koslow — Tambow — Saratow. Die Strecke Tambow—Saratow ist noch im Bau begriffen.

II. Riga — Dünaburg (Festung) — Witebsk — Smolensk — Orel — Kursk — Charkow — Taganrog.

---

* Eisenbahnkarte Russlands von Raab.

III. Libau (am Baltischen Meere) — Kowno (bis hieher noch im Baue begriffen) — Wilna — Pinsk — Zitomir — Berditschew (von Wilna bis hieher projectirt) — Kasatino — Stanislawtschik — Balta — Odessa.

An wichtigen hieher gehörigen *projectirten* Bahnen haben wir:

IV. Witebsk — Mohilew — Njeslin — Poltawa — Sinferopol — Sebastopol.

V. Königsberg (Preussen) — Bialystok — Brzesc-Litewski — Kowel — Luck — Rowno — Zitomir.

VI. Nowo-Georgiewsk — Warschau — Iwangorod — Lublin — Zamosc — Tomaszow — Lemberg.

B. Von Nordost nach Südwest führende Bahnen.
(Longitudinal-Linien.)

I. Petersburg — Narwa (Festung) — Reval (Festung, Kriegshafen). Zum Theile noch im Baue begriffen.

II. Petersburg — Dünaburg — Wilna — Grodno — Bialystok — Warschau — Skierniewice — Radomsko — Czenstochau — Szczakowa. Beim letzterwähnten Orte vereinigt sich diese Bahn mit der schlesischen, und bei Trzebinia mit der mährischen und galizischen Strecke. Abzweigungen:

.   *a)* Skierniewice — Thorn;

   b) Wilna — Kowno — Königsberg.

III. Moskau — Smolensk. Diese Strecke ist zum Theile noch im Baue begriffen. Die weitere Fortsetzung Mohilew — Minsk — Brzesc-Litewski ist projectirt. Der Anschluss Brzesc-Litewski — Warschau ist fertig und im Betriebe.

IV. Moskau — Tula — Orel in die Linie A, II.

V. Koslow — Grjasi. Von hier:

   a) nach Orel in die Linie A, II.;

   b) nach Woronesch mit zum Theil prejectirter, zum Theil fertiger Fortsetzung an das Asow'sche Meer;

   c) nach Zarizyn an der Wolga. Zum Theile erst projectirt.

VI. Kursk — Kijew — Kasatino in die Linie A, III.

VII. Charkow — Kremenczug — Balta. Von dieser Linie ist eine sehr wichtige Abzweigung nach Nikolajew und Cherson projectirt.

VIII. Stanislawtschik — Wolotschinsk an der galizischen Grenze.

IX. Zwischen Balta und Odessa eine Abzweigung über Tiraspol — Bender -- Kiszinew — Jassy — Paschkani. Die Strecke Kiszinew — Jassy ist im Baue begriffen.

X. Rowno — Brody. Project.

XI. Kowel — Lublin — Kielce — Radomsko in die Linie B, II.

II. Eisenbahnen Oesterreichs.

(Insoweit sie zum besprochenen Gebiete gehören.)

A. West-östlich orientirte Bahnen.

(Longitudinal-Linien.)

I. Prag — Pardubitz — Böhmisch-Trübau — Olmütz — Prerau — Weisskirchen — Schönbrunn — Mährisch-Ostrau — Oderberg — Dzieditz — Oswiecim — Trzebinia (hier Anschluss der Warschauer Bahn) — Krakau — Podleze — Bochnia — Tarnow — Dembica — Rseszow — Jaroslau — Przemysl — Lemberg — Krasne — Zloczow — Tarnopol — Wolotschinsk an der russischen Grenze. Die Strecke Tarnopol — Wolotschinsk im Baue.

II. Weisskirchen — Wallachisch-Meseritsch — Lissa-Pass — Puchov — Sillein (bis hieher erst projectirt) — Ruttek — Rosenberg — Poprad — Iglo — Abó — Kaschau — Csány — Mihály — Sátorallya-Ujhely — Csap — Bátya — Huszth — Szigeth — Kimpolung — Itzkani. Die Strecke Szigeth — Itzkani projectirt; sonst im Baue begriffen, mit Ausnahme der im Betrieb stehenden Strecke Abó-Csány.

III. Von Wien über Floridsdorf und Gänserndorf, oder über Stadlau, nach Marschegg — Pressburg — Toth-Megyer — Párkany — Waitzen — Pest — Czegled — Szolnok — Szajól — Püspök-Ladany — Grosswardein — Klausenburg — Felvincz — Tövis — Kis-Kapus — Schässburg — Kronstadt. Die Strecke

Klausenburg — Schässburg ist im Baue, der übrige Theil der Trace projectirt.

Abzweigungen dieser Linie:

a) Felvincz — Maros - Varsarhely — Szasz Regen.   Bis Maros-Vasarhely im Bau begriffen, sonst projectirt;

b) Kis-Kapus — Hermannstadt, im Bau begriffen.

B. Transversal-Linien.

I. Wien — Brünn; dann einerseits nach Böhmisch-Trübau, anderseits nach Olmütz und Trübau.

II. Gänserndorf — Lundenburg; von hier einerseits nach Brünn, anderseits nach Prerau.

III. Olmütz — Sternberg. Die weitere Fortsetzung über Neisse nach Breslau ist Project.

IV. Schönbrunn — Troppau.

V. Mährisch-Ostrau — Friedland. Die weitere Fortsetzung nach Wsetin in die Linie A, II. ist projectirt.

VI. Oderberg — Oppeln — Breslau.

VII. Oderberg — Jablunkau — Sillein in die Linie A, II.

VIII. Dzieditz — Bielitz. Ihre Fortsetzung über Saybusch in die letzterwähnte Linie ist projectirt.

IX. Oswiecim — Jordanow — Neumarkt — Käsmarkt — Poprad. Projectirt.

X. Podleze — Niepolomice.

XI. Bochnia — Neu-Sandec — Alt-Sandec — Eperies — Abó. Die Strecke Eperies — Abó ist dem Betriebe übergeben, sonst projectirt.

XII. Dembica — Jaslo — Dukla — Mezö-Laborcz. Projectirt.

XIII. Przemysl — Mezö-Laborcz — Nagy-Mihály — Mihály in die Linie A, II. Ist im Baue begriffen.

XIV. Lemberg — Tomaszow — Iwangorod. Ist projectirt.

XV. Lemberg — Stry. Von hier einerseits über Munkacs nach Bátya, anderseits über Dolyna nach Huszth. Diese Linien sind projectirt.

XVI. Lemberg — Halicz — Jesupol — Stanislau — Sniatyn
— Czernowitz — Itzkani — Sucsawa. Die weitere Fortsetzung findet bei den rumänischen Bahnen Erwähnung.

Von dieser Linie sind zwei wichtige Abzweigungen projectirt: die Bahn Stanislau — Delatyn — Körösmezö nach Szigeth, und die Strecke Stanislau — Hussiatyn (am Podhorze).

XVII. Krasne — Brody. Die weitere Fortsetzung nach Rowno ist projectirt.

Weil die Bahnlinien aus Ungarn nach Galizien eine so ausserordentliche Wichtigkeit für den Fall eines Krieges mit Russland besitzen, so haben wir in den Bereich unserer Darstellung auch alle jene erst projectirten Bahnen aufgenommen, welche für den Nachschub von Truppen, Materiale, Proviant u. s. w. eine Bedeutung haben. In der Folge wollen wir jedoch, um die zu grosse Ausdehnung dieser Arbeit zu verhüten, nur die im Betrieb oder im Bau begriffenen Strecken anführen.

XVIII. Pest — Hatvan. Von hier:

a) Salgo — Tarján — Losoncz —Altsohl — Kremnitz — Ruttek. Strecke S. Tarján — Ruttek im Baue;

b) Vamos Györk (Abzweigung nach Gyongyös) — Albóny (Abzweigung nach Erlau) — Miskolcz; von hier einerseits nach Bánréve (im Bau), anderseits nach Csány.

XIX. Czegled — Kecskemét — Félegyháza — Szegedin — Temesvár — Versecz — Jassenova — Baziasch. Abzweigung: Jassenova — Steierdorf.

XX. Szajól — Csaba — Arad — Piski — Broos — Karlsburg. Die weitere Fortsetzung nach Dövis (Linie A, III.) im Baue.

Abzweigungen: Arad — Temesvár und Piski — Petroseny (am Schyl).

XXI. Puspök-Ladany — Debreczin. Von hier:

a) Nyiregyháza — Tokay — Szerencs — Miskolcz.

Im Bau begriffene Abzweigungen: Nyiregyháza — Csap und Szerencs — Sátorallya-Ujhely in die Linie A, II;

b) Nagy-Karoly — Szathmar-Nemethi — Királyháza (westlich von Huszth) in die Linie A, II.

XXII. Grosswardein — Csaba — Szegedin — Maria Theresiopol — Zombor — Essegg.

Da bis nun bei der Concessions-Ertheilung die militärischen Interessen auf unbegreifliche Weise in den Hintergrund gestellt wurden, so wäre es doch Pflicht für die Regierung, wenigstens mit aller Energie auf die schleunigste Vollendung aller militärisch wichtigen Tracen zu dringen. Als solche sind jene zu nennen, welche eine schleunige Concentrirung unserer Operations-Armeen in Galizien und Siebenbürgen und die rasche Ansammlung unserer Reserve-Armeen in Komorn oder Olmütz, oder an beiden Orten zugleich, ermöglichen. Aus diesem folgt:

1. Da gegenwärtig nur der Kaiser Ferdinands - Nordbahn allein die Aufgabe zufällt, den eventuellen strategischen Aufmarsch eines österreichischen Heeres in Galizien zu ermöglichen, so ist es von der allerhöchsten Wichtigkeit, alle Linien, welche aus den Centren Oesterreich-Ungarns und von der Hauptbasis an der mittleren Donau ins Weichsel- und Dniester-Gebiet führen, schleunigst der Vollendung zuzuführen. Nur auf diese Art wird es uns möglich sein, die Vortheile, welche Russland aus der günstigen Anlage seiner Eisenbahnen zieht, zu paralysiren und das Ueberraschungs-Moment uns günstig zu machen;

2. die Nothwendigkeit der Verbindung dieser Linien durch Parallelbahnen, welche die Verschiebung der Truppen nach den jeweiligen Erfordernissen ermöglichen;

3. dass Olmütz und Komorn direct durch eine doppelspurige Bahn zu verbinden sind, um im Falle eines unglücklichen Ausganges der Operationen im Norden die gebildeten Reserve-Armeen zur Unterstützung der Haupt-Armee im nördlichen Ungarn, oder zum Schutze der Reichshauptstadt gegen einen durch Mähren gegen die Donaulinie vorrückenden Gegner verwenden zu können.

III. Eisenbahnen Rumäniens.

I. Die Fortsetzung der Linie B, XVI. (österreichische Bahnen) führt über Paschkani — Roman nach Galatz.

Abzweigung: Paschkani — Jassy — Kiszinew — Odessa. Dieser Linie wurde bei den russischen Linien Erwähnung gethan.

II. Galatz — Buseo — Bukarest — Giurgevo.

Im Bau begriffene Abzweigung: Bukarest — Pitesti.

Die Fortsetzung der Linie Galatz -- Bukarest — Pitesti über Krajova — Turn - Severin — Orsova nach Baziasch ist projectirt. Ebenso die Abzweigungen aus dieser Linie durch den Vulkan-Pass nach Petroseny, durch den Rothenthurm-Pass nach Hermannstadt, und durch den Bodzaer Pass nach Kronstadt.

Die Karpathen

als Vertheidigungs-Linie.

Es gibt Militärs, auch solche in einflussreicher Stellung, welche für ihre Ansicht, in einem Kriege gegen Russland die Armee hinter den Karpathen zu concentriren, mit Wort und Schrift einstehen. Wir wollen nun, gestützt auf unsere geographische Darstellung, untersuchen, inwieferne eine solche Ansicht berechtiget ist, verwahren uns aber ganz entschieden dagegen, als wollten wir uns in gelehrte strategische Abhandlungen oder in die Verfassung von Recepten für künftig zu erfechtende Siege einlassen: wir wollen nur das niederschreiben, was sich uns als Resultat des geographischen Studiums der Karpathenlinie, natürlich mit Berücksichtigung der hier mitspielenden politischen und militärischen Factoren, ergeben hat.

Die ausgedehnten nördlichen und östlichen Reichsgrenzen sind, von Russland zum grössten Theile umfasst; das dahinter liegende Galizien ist gegenwärtig fast zu keiner erfolgreichen Vertheidigung fähig, weil Krakau für gewisse Fälle zu entlegen ist, um einen mehr als moralischen Einfluss zu üben, und die andern projectirten Befestigungen eben nur erst am Papier fertig sein dürften. Es ist natürlich, dass sich die Blicke Vieler nach Süden wendeten und dort in den Karpathen das zu finden glaubten was sie wollten, nämlich eine Vertheidigungslinie, welche so günstig ist, dass durch die Besetzung und Befestigung einzelner Punkte grosse Landesstrecken gegen feindliche Unternehmungen sicher gestellt werden können. Ob jene Herren bei der Geburt ihrer „Rückwärtsconcentrirungs-Idee" auch die politischen und moralischen Folgen erwogen haben, welche eine solche Massregel im Gefolge haben müsste, muss dahingestellt gelassen werden, obwohl unser Inneres vom Gegentheil überzeugt ist.

Die Karpathen sind im Allgemeinen, wie wir bereits gezeigt haben, ein bewaldetes Mittelgebirge, welches sich nur in einigen Strecken zur Höhe des Alpengebirges, und in der hohen Tatra und im Südrande des Hochlandes Siebenbürgen zu jener des Hochgebirges erhebt. Was ihre Gangbarkeit anbelangt, so sind sie noch viel weniger als Vertheidigungslinie günstig, weil sie, die hohe Tatra und den östlichen Theil des Waldgebirges abgerechnet, von vielen fahrbaren Wegen überschritten werden, und diese Communicationen wenige oder eigentlich gar keine günstigen Sperrpunkte darbieten.

Unter den vorhandenen Strassen sind die vorzüglichsten, welche eine in Polen versammelte Armee zu ihren Operationen nach Ungarn wählen könnte:

1. die vom Dniester über Körösmező ins Theiss-Thal;
2. die durch den Vereczke-Pass;
3. die durch den Unghvárer Pass;
4. die durch den Dukla-Pass;
5. die von Zmigrod, Gorlice und Grybow nach Eperies;
6. die durch das Poprad-Thal an den Hernad, Sajó und die Waag;
7. die von Neumarkt und Jordanow nach Rosenberg;
8. die über den Jablunka-Pass an die Waag.

Alle diese Hauptcommunicationen münden in die aus der Bukowina und dem Norden Siebenbürgens kommende, dem Südfusse des ungarischen Waldgebirges, dem Laufe des Sajó und der Waag folgende Längenverbindung, welche zum grössten Theile von einer ihrer Hauptrichtung folgenden Bahn begleitet ist. Die beiden letzterwähnten Verbindungen haben eine grosse Wichtigkeit als Rocadelinie, welche jedoch durch den Umstand wieder gemildert wird, dass diese Linien nur durch wenige, u. z. theils erst projectirte, theils im Bau begriffene Eisenbahnlinien mit den rückwärtigen Centren der Monarchie verbunden sind.

Aus dem eben Gesagten ergibt sich:

a) Die Karpathen bilden wegen der Höhe ihres Aufzuges, den im Allgemeinen sanften Formen und ihrer Wegsamkeit keine gute Vertheidigungslinie. Ihre Bedeutung als solche käme erst dann zum Ausdrucke, wenn sie durch gut angelegte, permanente und passagere Fortificationen verstärkt werden würden, und die Verschiebung der Truppen und deren Verbindung mit der natürlichen Hauptbasis — der Donaulinie — durch zahlreiche Communicationen ermöglicht wäre.

b) Als nothwendige Befestigungen erscheinen uns:

1. die Sperrung der *Jablunka-Strasse*;

2. die Befestigung von *Kubin* oder *Rosenberg* für den Fall, als Krakau durch eine kräftige Cernirung ausser Stand gesetzt wird, den Flanken des hier in Ungarn einbrechenden Gegners gefährlich zu werden.

   Die Befestigung einer dieser beiden Orte soll das directe Vordringen des Gegners in das Waag-Thal verhüten. Der Besitz der Gegend um Rosenberg und Kubin erleichtert dem Feinde die Ueberschreitung der übrigen Gebirgspässe dadurch, dass von hier aus Verbindungen nach der Flanke aller Positionen führen, die man zur Vertheidigung der andern nehmen kann. Diese Befestigung steht in Relation mit dem für die Vertheidigung Oberungarns, der Donaulinie und der Reichs-Hauptstadt so überaus wichtigen Hauptwaffenplatze Komorn;

3. die Befestigung von *Eperies* oder *Kaschau*. Letzteres erscheint uns geeigneter, weil die taktischen Verhältnisse dortselbst günstiger zu sein scheinen;

4. die Verstärkung von *Munkács*;

5. Sperrung der oberen Theisslinie durch Verstärkung mit Fortificationen (Brückenköpfe), dadurch Verhinderung des Gegners, nach Siebenbürgen oder Debreczin vorzudringen;

6. Befestigung von *Pest-Ofen* und der Ausbau von *Komorn*.

Da der sehr zweifelhafte Werth der Karpathen an und für sich als Vertheidigungslinie gegen einen von Russisch-Polen vordringenden Gegner eine Thatsache ist; die argen Versäumnisse in Angelegenheiten der Reichsbefestigung und des Communicationswesens bei einem eventuell in der nächsten Zukunft statthabenden Kriege mit Russland wahrscheinlich noch nicht nachgeholt sein dürften; es sehr problematisch erscheint, ob Russland gerade zur Forcirung der Karpathen-Pässe schreiten und nicht lieber Wien zum Operations-Objecte, zum Ziele seiner Anstrengungen machen wird; es unpolitisch und ungerecht wäre, ein streitbares, mannhaftes Volk, eine cultivirte Provinz der Willkür und dem Fanatismus des Feindes preiszugeben und dadurch vielleicht unlauteren Absichten des Gegners Vorschub zu leisten; eine solche „Rückwärtsconcentrirung“ auf den theilweise wieder erwachten Volksgeist deprimirend wirken, und die Erinnerung an ähnliche sprichwörtlich gewordene Unternehmungen wachrufen könnte; endlich nur in einer glücklichen Offensive die Garantie zur Schaffung dauernder Verhältnisse liegt: so sind wir von Hause aus gegen eine Aufstellung hinter den Karpathen, — gegen eine Defensive, welche gar nicht vorbereitet, sogar nahezu die Möglichkeit ausschliesst, im späteren Verlaufe des Krieges zu einer kräftigen, concentrischen Offensivbewegung überzugehen.

Das Hochland Siebenbürgen bildet, wenngleich mit Ungarn durch zahlreiche Communicationen verbunden, einen abgesonderten Kriegsschauplatz, welcher dem Vertheidiger alle Vortheile des Gebirgskrieges bietet. Nur wenige, meist sehr beschwerliche Communicationen führen von der Ost- und Südseite in das Innere des Landes. Weniger günstig sind diese Verhältnisse an der Nordgrenze des Landes, indem hier ein Eindringen in jener Richtung erleichtert ist, welche direct auf die Verbindungslinie Siebenbürgens mit den übrigen Provinzen des Kaiserstaates führt. Die Centralfestung des Landes, *Karlsburg,* bildet einen ausserordentlich wichtigen Stützpunkt für die Vertheidigung des Landes. Von secundärer Bedeutung sind die festen Schlösser von *Maros-Vásárhely, Deva* und *Kronstadt.* Die nach Süden führenden Pässe können durch die Anlage von passageren Befestigungen leicht vertheidigt werden.

Die Kriegsgeschichte weiset uns ein *in mancher Beziehung* ziemlich lehrreiches Beispiel einer, wenn auch mit geringen Mitteln versuchten Vertheidigung der Karpathen auf. Indem wir es zur Darstellung zu bringen versuchen, benützen wir hiezu den „Feldzug in Ungarn und Siebenbürgen im Sommer des Jahres 1849“:

Nach den unglücklichen Ereignissen, welche die österreichische Donauarmee im April 1849 getroffen hatten, wurde der Rückzug gegen die Westgrenze Ungarns angetreten. Zur Zeit, als der Aufmarsch der russischen Hilfsarmee in Galizien beendet, d. i. Mitte Juni, war die Stellung der Armeen ungefähr folgende:

a) Die *österreichische Donauarmee*, 76.000 M., 324 G., stand zu beiden Seiten der Donau in der Linie Szered — Freistadtl — Oedenburg und hatte Abtheilungen zur Besetzung der oberen Waagübergänge detachirt.

b) Die *ungarische obere Donauarmee*, 70.000 M., 230 G., stand in der Linie Urmény — Neuhäusel — Gutta — Komorn (gr. Schüttinsel) — Raab — Marczaltö (an der Raab). Die Vortruppen des rechten Flügels waren an die Waag vorgeschoben.

c) Die *ungarische Armee an der Nordgrenze* (obere Theissarmee), 19.000 M., 57 G., stand mit dem Gros zwischen Bartfeld und Eperies, der rechte Flügel bei Girold, der linke bei Kis-Szeben. Die Reserven in Eperies und Kaschau.

d) Die *russische Hülfsarmee*, 130.000 M., 464 G., stand in zwei grosse Körper getheilt bei Neumarkt und Dukla, und sollte auf zwei Hauptoperationslinien nach Ungarn rücken. Das eine Corps von Neumarkt über Kubin im Arvathale in das obere Waagthal, oder nach Umständen über Neusohl und Schemnitz directe in das Donauthal, — die Hauptarmee, aus zwei Corps bestehend, über Eperies und Kaschau in die Ebene zwischen Donau und Theiss.

Indessen bewogen aber ungünstige Nachrichten über die Ereignisse in Ungarn und Siebenbürgen die russische Armeeleitung, die ganze Macht auf der Operationslinie von Dukla zu vereinigen, und es blieb nur eine Armeedivision bei Rosenberg und Kubin, zur Deckung der Verbindungen nach Krakau, detachirt.

Die ungarische Nordarmee hatte indessen, zur Zeit des Angriffes der russischen Hauptarmee, folgende Aufstellungen genommen:

1. 2000 M., 8 G. als Avantgarde südlich von Bartfeld, mit Vortruppen zur Beobachtung der von Grybow, Gorlice, Dukla und Sztropko gegen Eperies führenden Wege.

2. 2000 M., 8 G. bei Szeben (nordwestlich von Eperies) zur Beobachtung der von Lublau und aus dem Popradthale nach Ungarn führenden Wege.

3. 3700 M., 8 G., ½ Raketenbatterie in Deméthe (nördlich von Eperies).

4. 2000 M. und die Gechützreserve bei Eperies als Haupt-reserve.

5. Eine Division, 7000 M., 23 G., stand mit der einen Hälfte bei Huszth, mit der andern bei Szigeth und beobachtete auf dieser Strecke die über das Gebirge führenden Communicationen.

6. Munkács war mit 4 Compagnien besetzt.

Nach dem allgemeinen ungarischen Operationsplane sollte die obere Theissarmee alle Uebergänge über die Karpathen so lange als möglich vertheidigen, sich dann langsam zurückziehen und gleichzeitig concentriren.

„Dembinski* hatte nördlich von Eperies, bei Kapi, eine Po-„sition ausgesucht, durch einige Erdwerke und Jägergräben ver-„stärkt, und lebte der Ueberzeugung, hier einen dreifach stärkeren „Feind, also, da er höchstens 6 — 8000 M. daselbst concentriren „konnte, 24 — 30.000 M. längere Zeit aufzuhalten. In seiner „linken Flanke auf der Strasse von Szeben, so wie auf jener von „Käsmark über Leutschau nach Kaschau *glaubte er gar keine Be-„sorgniss hegen zu dürfen, weil er alle Engpässe längs der ga-„lizischen Grenze und die Communicationen, welche von der Zips „nach allen Richtungen tiefer ins Land führen, gründlich zerstören „und sperren liess.* Sein Kummer bestand nur darin, dass die „Russen von Dukla aus, *wo sich die Strasse durchaus nicht mit „Erfolg sperren lässt,* gleichzeitig über Sztropko und Varanó seine „rechte Flanke umgehen, ferner über Vereczke gegen Munkács vor-„dringen könnten. Er liess daher auch dort alle Zugänge mög-„lichst verderben und durch Landleute beobachten, dagegen die „Verbindung von Kaschau nach Gál-Szécs für alle Waffen voll-„kommen brauchbar herrichten, um erforderlichen Falles seine „Reserve schnell in dieser Richtung disponiren zu können.

„Die Insurgenten hatten für die kurze Zeit, welche ihnen zu „den Vertheidigungsanstalten gelassen wurde, das Mögliche gethan; „aber wie durfte man hoffen, die 50 Meilen ausgedehnte Linie „von Szent-Miklos in der Liptau, über Leutschau, Eperies, Mun-„kács, Huszth bis Szigeth mit 16—18.000 Mann undisciplinirter „Truppen einer russischen Armee gegenüber auch nur gegen den „ersten Anstoss zu halten?

---

* Anfänglich Obercommandant der ungarischen oberen Theissarmee.

„Die beiden strategischen Vertheidigungslinien, welche die
„Hauptarmee Görgey's längs der Waag und Neutra, dann die
„magyarische Nordarmee einnahmen, trafen auf dem Punkte
„Rosenberg in einem rechten Winkel zusammen; und dieser Punkt,
„mit dessen Einnahme durch die Russen beide Vertheidigungs-
„linien sogleich in die Flanke genommen sind, war von den In-
„surgenten am schwächsten besetzt und gar nicht befestigt. *Der
„russische Feldherr liess daher diesen entscheidenden Punkt so-
„gleich und noch früher besetzen, als die Operationen seiner Haupt-
„armee begannen, wodurch die Ueberschreitung der Gebirgspässe
„an der Nordgrenze des Landes wesentlich befördert wurde.*

„Wäre, wie es Anfangs bestimmt gewesen, ein russisches
„starkes Armeecorps über Kubin auf Rosenberg marschirt, so dass
„es sogleich seine Operationen selbstständig und mit überwiegen-
„der Kraft fortsetzen konnte, so hätte auch Görgey seine Waag-
„und Neutralinie sogleich räumen müssen."

Die russische Armee rückte in vier Colonnen von Grybow,
Gorlice, Zmigrod und Dukla in Ungarn ein. Nach einigen unbe-
deutenden Gefechten war am 24. Juni die ganze russische Hauptarmee um Eperies herum versammelt. Die weitere Vorrückung der
russischen Hauptarmee in zwei Colonnen gegen Miskolcz und Tokay, die Forcirung des letzterwähnten Uebergangspunktes, die Einnahme von Debreczin u. s. w. hatten die Folge, dass der in der
Marmaros stehende Theil der ungarischen Nordarmee abgeschnitten
und beinahe zum Rückzuge nach Siebenbürgen gezwungen worden
wäre, hätten die Russen Debreczin später nicht geräumt.

Klimatische Verhältnisse.

Bei der Besprechung der klimatischen Verhältnisse wollen wir blos jene Russlands und Rumäniens ausführlicher behandeln, weil wir die Kenntniss der Klimatologie des eigenen Landes als bekannt voraussetzen müssen. In letzterwähnter Richtung wollen wir blos einige Temperaturs-Beobachtungen in Erinnerung bringen und dadurch die Möglichkeit bieten, Vergleiche vornehmen zu können.

Bei der grossen Verschiedenheit des Klima's in **Russland** dünkt es uns am besten, wenn wir die althergebrachte Eintheilung dieses Staates in vier, auf natürliche Gleichheiten und Ungleichheiten des Klima's beruhende Landstriche zur Basis unserer Darstellung machen:

a) Der *Polar-Erdstrich.* Dieser gehört mit keinem Theile zum behandelten Ländergebiete.

b) Der *kalte Erdstrich* von 57° — 67° n. B. Er begreift in sich die Gouvernements an der Ostsee u. a. m. Der Boden ist im Allgemeinen dürftig und mager und lohnt nur bis zum 60° n. B. mit sicheren Ernten. Die Winter sind sehr rauh, mit 6 — 7monatlichen Schlittenbahnen; die Herbste nebelig; die Gewässer von der Mitte Octobers bis Ende Mai mit Eis bedeckt; die Winternächte oft mit blendenden Nordscheinen. Im kurzen Sommer gewöhnlich einige Wochen heisse Witterung; sehr unsicher sind daher die Getreideernten. In diesem Erdstrich, d. h. nur in dessen südlichem Theile, gedeiht blos langsam wachsendes Holz.

Petersburg: m. J. T. 2.$_2$° R.; m. W.T. — 7.$_2$°; m. S. T. 12.$_8$°.
Die wärmste beobachtete Temperatur dieser Stadt betrug
+ 26.$_7$°, die kälteste — 30.$_9$° R.

c) Der *mittlere, gemässigte Erdstrich* von 50 — 57° n. B. Dieser
hat noch rauhe und 6 — 7 Monate anhaltende Winter, vorzüglich in den östlichen Gegenden. Dieser Landstrich bildet
den reichsten und wohlhabendsten Theil des russischen Reichs
und begreift in sich von den hieher gehörenden Gouvernements jene von Mohilew, Minsk, Kiew, Volhynien, Wilna,
Grodno und alle des ehemaligen Königreichs Polen.
Moskau: J. T. 3.$_6$°; W. T. — 7.$_5$°; S. T. 14.$_2$°.
Warschau: J. T. 5.$_4$°; W. T. — 3.$_1$°; S. T. 12.$_9$°.
Die höchste beobachtete Temperatur betrug in Moskau
+ 29.$_8$°; die niederste in Moskau — 33.$_7$°, in Warschau
24.$_9$° R.

d) Der *warme Erdstrich* von 38 — 50° n. B., wozu die Provinzen Bessarabien, Podolien, Cherson und Ekaterinoslaw gehören. Der Boden ist mehrentheils eben und flach, wenig
bewaldet, zum Theil sehr fruchtbar, zum Theil dürr und un-
fruchtbar, hin und wieder mit Salzgründen geschwängert.
Die Winter sind im Allgemeinen kurz und öfterem Thau-
wetter zugänglich; wenig Schnee, so wie auch im Winter
einzelne Flüsse gewöhnlich ohne Eisdecke bleiben; der Frühling ist frühzeitig und mild; der Sommer lange dauernd mit
drückender Hitze und seltenem Regen; spät folgt der Herbst.
Wirbelwinde sind sehr häufig.
Odessa: J. T. 8°; W. T. — 1.$_7$°; S. T. 16.$_0$°.
Die höchste beobachtete Temperatur betrug in Nikolajew
+ 30.$_0$°.
Die Regenmenge ist im Allgemeinen in Russland gering;
sie beträgt in
Petersburg m. j. R. 16 $1/_2$ "
Moskau „ 15 "
Warschau „ 20 ".
Das ganze Land gehört zur Sommerprovinz des Regens.
Das Klima der **walachischen Tiefebene** ist ein durchaus con-
tinentales; die Winter sind streng, — man hat selbst — 26° R.
beobachtet. Die Donau mit ihren Nebenflüssen ist durch mehrere

Wochen zugefroren. Die Sommer sind oft unerträglich heiss, man hat schon + 32° R. dort gefunden. Der rasche Temperaturwechsel und die Sümpfe am linken Ufer der Donau erzeugen Krankheiten und sind für den Fremden sehr gefährlich. In der **Moldau** fängt der Frühling erst im April an, der Mai ist schon heiss, der Juni ist durch Stürme, Regen und Ueberschwemmungen, letztere durch die Schneeschmelze im Gebirge hervorgerufen, charakterisirt. Erst nach der Regenzeit, im September, beginnt das schöne Wetter, aber mit kalten Nächten, das bis zum November andauert. Wenn die Kälte bringenden Nordwinde nicht wehen, steigt die Temperatur wohl bis 30° R., aber es sind auch Temperaturwechsel von 17° von einem Tage zum anderen nichts Seltenes.

Im Allgemeinen ist das Klima des Fürstenthums Rumänien rauher, als man es von der südlichen Lage des Landes erwarten sollte. Ursache davon ist die Nähe des Hochgebirges und der Einfluss den die von den russischen Steppen kommenden Winde ausüben.

Temperaturs-Stände zur Vergleichung:
Wien J. T. $8._2°$; W. T. $0._1°$; S. T. $16._3°$.
Ofen J. T. $8._4$; W. T. $0._3$; S. T. $16._9$.
Lemberg J. T. $5._6$.
Regenmengen:
Komorn 12″
Kaschau 13″
Galizische Terrasso 25″
Ungarisches Tiefland 17″
Siebenbürgisches Hochland 26″.

Ethnographische Verhältnisse.

Die Einwohner
nach Zahl, Abstammung und Religion.

A. In den russischen Gouvernements.

Warschau	816.073 E.
Kalisch	567.441 „
Piotrkow	610.496 „
Radom	471.658 „
Kielce	451.197 „
Lublin	619.284 „
Siedlce	459.770 „
Plock	428.413 „
Lomza	430.896 „
Suwalki	464.135 „
Königreich Polen *	5,319.363 E.
Wilna	899.993 „
Grodno	894.194 „
Minsk	1,001.335 „
Mohilew	924.080 „
Kiew	2,020.095 „
Cherson	1,330.138 „
Ekaterinoslaw	1,204.751 „
Volhynien	1,557.635 „
Podolien	1,868.857 „
Bessarabien	1,026.346 „

* Geographisches Jahrbuch 1868.

Die Einwohnerzahlen der zehn polnischen Gouvernements sind nach den Ergebnissen der Zählung vom Jahre 1865, die der übrigen Gouvernements nach jener des Jahres 1864 angegeben. Als die relativ am stärksten bevölkerten Gouvernements erscheinen jene von Warschau (3187 E. auf die ☐M.), Kalisch (2870), Piotrkow (2892), Radom (2151,) Kielce (2654), Lublin (2099), Siedlce (2007), Plock (2278), Lomza (2081), Suwalki (2106), Kiew (2176), Podolien (2424).

Die relativ geringste Einwohnerzahl weisen auf die Gouvernements Minsk (618) und Ekaterinoslaw (984).

Der *Abstammung* nach zerfallen die Einwohner der erwähnten Gouvernements in folgende Gruppen:

1. In den *slavischen Stamm*.

   a) Grossrussen. Diese sind über das ganze russische Reich verbreitet; hier vorzüglich im Gouvernement Kiew.

   b) Kleinrussen. Zum Theil in den Gouvernements Kiew und Cherson.

   c) Weissrussen. Im Gouvernement Mohilew.

   d) Polen. Diese bilden 76 °/₀ der Bevölkerung in den zehn polnischen Gouvernements.

2. In *Lithauer* und *Letten*. Sie wohnen in den Gouvernements Mohilew, Wilna (50 °/₀ der Bevölkerung), Grodno, Minsk, Volhynien und Kiew.

3. In *Rumänen*. In Podolien (43.000), Cherson (75.000), Bessarabien (410.000,) Ekaterinoslaw.

4. In *Deutsche*. Sie leben als Colonisten in den Gouvernements Cherson, Bessarabien und Ekaterinoslaw.

5. In *Juden*. In den Gouvernements Mohilew (103.000), Wilna (77.000), Grodno (94.000), Minsk (97.000), Volhynien (184.000), Podolien (169.000), Kiew (225.000), Cherson, Bessarabien und Ekaterinoslaw. In den polnischen Gouvernements bilden sie 12.₄°/₀ der ganzen Bevölkerung. Ausserdem kommen noch Bulgaren, Griechen, Zigeuner u. s. w. vor.

Das herrschende *Glaubensbekenntniss* in Russland ist das griechisch-katholische. Die Polen und die Bewohner der angrenzenden Gouvernements (namentlich jene der lithauischen) bekennen sich beinahe ausschliesslich zum römisch-katholischen Glauben.

B. Im Fürstenthum Romanien.

Die Einwohnerzahl beträgt nach der neuesten Volkszählung 4,400.000 Seelen.

Der grösste Theil der Einwohner des Fürstenthums (4 Millionen) sind *Romanen* (Kumuni). Ausserdem gibt es dort eingewanderte *Deutsche* (als Handwerker in den Städten des Landes), *Ungarn* und bei 70.000 *Juden,* welche als Handelsleute in den grösseren Städten zerstreut sind; dann einige Tausend Armenier, Griechen, Zigeuner u. s. w.

Die herrschende *Religion* ist die griechisch-orientalische.

Die ethnographischen Verhältnisse des österreich-ungarischen Staates wurden aus dem Grunde nicht behandelt, weil man bei dem Leserkreise, für welchen dieses Buch bestimmt ist, eine gründliche Kenntniss der Verhältnisse in der eigenen Heimat voraussetzen muss.

Schlussbemerkungen.

Situation Russlands gegenüber der österreichisch-ungarischen Monarchie.

Die geographischen und militärischen Eigenthümlichkeiten Russlands, die Bedingungen seiner Macht überhaupt, sind grundverschieden von Allem, was der Westen Europa's aufweiset. Diess mag der Grund sein, dass Russlands Macht entweder unter- oder überschätzt, selten aber richtig gewürdigt wird. Die Phrase von den thönernen Füssen, auf welchen Russland stehen soll, ist noch immer so landläufig, wie die unheimliche Scheu sich erhalten hat, mit welcher ein nicht geringer Theil des gebildeten Europa's noch immer nach Russland blickt, als sollte von dort plötzlich die Sündfluth hervorbrechen, welche die gesammte Civilisation unserer Erdhälfte wegschwemmen würde. Die Unmöglichkeit, über die chinesische Mauer zu gelangen, welche die staatsretterische Vorsicht um Russland gezogen hatte, die Verschiedenheit der Sprache und der Sitten u. s. w. mag wohl auch viel dazu beigetragen haben, dass der wissensdurstige und neugierige Westen nur selten einen ausgiebigen Blick in die Verhältnisse des rauhen und unheimlichen Ostens gethan hat.

1. Die Einwohnerzahl Russlands übertrifft jene von Oesterreich, Frankreich, Belgien und Holland zusammengenommen. Wenn Oesterreich-Ungarn bei einer Einwohnerzahl von 35 Millionen leicht 800.000 Soldaten auf die Beine bringen kann, so hätte es für Russland, die nöthigen Geldmittel und eine entsprechende Organisation vorausgesetzt, gewiss keine Schwierigkeit, das Doppelte und Dreifache an Streitkräften aufzustellen. Russland hat bis jetzt an der nach dem Krimkriege angenommenen Organisation festge-

halten, und erst in allerjüngster Zeit sind die vom jetzigen Kriegs-
minister Miljutin dem Kaiser unterbreiteten Grundzüge, welche
den Uebergang zum Systeme der allgemeinen Wehrpflicht anbahnen
sollen, der commissionellen Berathung übergeben worden. — Da
nun der Uebergang von einem Wehrsysteme zum andern nur nach
einer längeren Reihe von Jahren durchgeführt werden kann, und
Oesterreich-Ungarn bei einem eventuellen Kriege gegen Russland
nur mit den wirklich bestehenden Factoren richten kann, so wollen
wir, ohne uns nur im geringsten um die Organisationsverhältnisse
der russischen Armee zu kümmern, ihre gegenwärtige summarische
Stärke anführen und dadurch eine Basis für die Vergleichung der
gegenseitigen Schlagkraft liefern. Russland besitzt nach russischen
Angaben:

a) *An regulären Truppen:*

Infanterie	c.	490.000 M.
Schützen	c.	20.000 „
Cavallerie	c.	33.000 „
Artillerie	c.	28.000 „
Ingenieure	c.	11.500 „
	zusammen c.	582.500 M.
dazu die kaukasische Armee	c.	103.000 „
	Summa c.	685.500 M.

mit 1304 Geschützen.

b) *An irregulären Truppen:*

das Kosaken-Heer mit 116 G. und	c.	64.000 „
	Summa	749.500 M.

mit 1420 Geschützen.

c) *An Local-Truppen*		180.000 „
	Totale	929.500 M.

mit 1420 Geschützen.

In einem auswärtigen Kriege kämen davon nicht in Betracht:*
Zur Besetzung der baltischen Provinzen . . . . 70.000 M.

„ „ der Provinzen am Schwarzen Meere		40.000 „
„ „ des Weichsellandes		100.000 „
die Localtruppen		180.000 „
die kaukasische Armee		103.000 „
	Summa	493.000 M.

* Fadejew's „Kriegsmacht und Kriegspolitik.“

Es blieben sonach noch verfügbar vor dem Feinde 436.500 wirkliche Combattans mit 1304 Geschützen.

Eine eigene Reserve hat Russland nicht, wenn man von den 390.000 M. regulärer Truppen im Innern des Landes, von den 180.000 M. Localtruppen, von den bei der Completirung der Armee übrig gebliebenen Urlaubern, von der kaukasischen Armee und der Landmiliz (Opolczenie) absieht, welche Truppen zum Theile vielleicht an die Feldarmeen herangezogen werden könnten.

Ein Vergleich unserer eigenen und der nachbarlich russischen Streitkräfte wird sonach ergeben, dass in einem künftigen Kriege zwischen Oesterreich - Ungarn und Russland (natürlich vor beendeter Durchführung der russischen Armee-Reorganisation), den Fall strengster Neutralität von Seite Deutschlands vorausgesetzt, das numerische Gleichgewicht zwischen den beiden Heeren so ziemlich hergestellt sein dürfte. Mit dem Tage aber, wo die im Zuge befindliche Reorganisation der russischen Streitmacht beendet ist, gestaltet sich das Verhältniss bedeutend zu unserem Ungunsten.

2. Es kann beinahe mit Gewissheit vorausgesagt werden, dass in einem künftig von Russland durchzuführenden Kriege die Aufstellung seiner Armeen entweder an der Weichsel und am mittleren Dnjepr, am Pruth, in Transkaukasien, oder an allen drei Orten zugleich stattfinden wird. So viel steht aber fest, dass die gewaltsame Entscheidung über europäische Fragen am westlichen Kriegsschauplatze herbeigeführt werden wird, und dass die übrigen Kriegsschauplätze nur secundärer Natur sein dürften.

So wie Wien oder Pest für die russischen, so wird Moskau für die österreichischen Heere das eventuelle Operationsobject bilden. Oesterreich muss bemüht sein, seine Operationsarmee in Galizien zu sammeln, während Russland sich entscheiden muss, seine Armeen entweder in Polen oder am Dnjepr, oder an beiden Orten zugleich aufzustellen, weil die ausgedehnten, unwegsamen Pripet-Sümpfe es dazu zwingen.

Der Besitz von Polen hat für Russland einen immensen militärischen Werth. Die Weichsel und der Bug mit den daran liegenden Festungen Warschau, Nowogeorgiewsk, Iwangorod und Brzesc - Litewski bilden, so wie die Linie des mittleren Dnjepr mit Kiew, die Basis für die offensiven Hauptoperationen gegen

7 *

Oesterreich. — Die strategischen Verhältnisse sind also im Ganzen für Russland günstig, weil es den Vortheil einer umfassenden Basis besitzt, welcher jedoch durch die polesischen (Pripet-) Sümpfe, durch die russenfeindliche Stimmung in Polen und Lithauen, die dünne Bevölkerung und durch mangelhafte Communication abgeschwächt wird.

Von der genannten Basis in Polen führen zwei Hauptoperationslinien an die Donau:

a) am rechten Weichselufer von Warschau, über Brzesc-Litewski, Lublin, Zamosc, Jaroslau, Przemysl, Dukla, Eperies nach Pesth;

b) am linken Weichselufer von Warschau über Krakau, Olmütz nach Wien.

Für Oesterreich-Ungarn bildet die eigentliche Basis die Linie Olmütz — Wien — Komorn — Ofen und eventuell Temesvár. Diese so situirte Basis ist für eine an der Reichsgrenze stehende Armee zu weit entlegen; es ist daher nothwendig und für jede in Galizien stehende Operationsarmee unbedingt erforderlich, sich dort eine entsprechende Zwischenbasis zu schaffen, was im Frieden schon durch die Herstellung eines entsprechenden Befestigungssistems mit allen Kräften vorbereitet werden muss.

Es resultiren demnach für uns zwei mögliche Operationslinien nach Moskau:

a) über Warschau, Smolensk nach Moskau;

b) an der Südseite der polesischen Sümpfe über Kiew, Orel nach Moskau.

Die beiläufigen Entfernungen betragen:

von Krakau nach Brzesc-Litewski	67 M.
von Brzesc-Litewski nach Smolensk	101 „
von Smolensk nach Moskau	51 „
zusammen	219 M.
von Lemberg nach Kiew	77 M.
von Kiew nach Orel	75 „
von Orel nach Moskau	49 „
zusammen	201 M.

Die zweite der angeführten Operationslinien hätte vor der ersterwähnten den Vortheil, dass sie kürzer und durch frucht-

bare, gut bevölkerte und die Verpflegung erleichternde Länder-
strecken führt.

Steht Oesterreich-Ungarn im Kampfe gegen Russland allein,
so wird es ohne Zweifel gezwungen sein, welche Richtung auch
die Hauptoperation erhalte, ob gegen Warschau oder Kiew, seine
Armee zu theilen. Anders gestaltet sich die Sachlage, wenn wir
den Schutz der einen oder der anderen Flanke einem Alliirten
überlassen können.

Sowohl die Defensive als Offensive macht für uns, wie oben
bereits erwähnt, die Herrichtung von Stützpunkten nothwendig.
Die zur Befestigung fürzuwählenden Punkte wären:

a) Der Ausbau von *Krakau* und die der Portée des jetzigen
Belagerungs - Geschützes entsprechende Hinausrückung des
Fortsgürtels.

b) *Jaroslau* oder *Przemysl.* Hier trifft die wahrscheinliche Haupt-
Vorrückungslinie der Russen, zwischen Bug und Weichsel,
den San. Da die Umgebung des erstgenannten Ortes das
Manövriren grosser Truppenabtheilungen ungleich mehr be-
günstigt als jene von Przemysl, so wäre Jaroslau zu einem
Manövrirplatz und letztgenannter Ort zu einem doppelten
Brückenkopf zu machen.

c) *Lemberg,* welches zu einem Depôtplatz umzuwandeln wäre,
weil die ungünstigen localen Verhältnisse die Herrichtung
eines Manövrirplatzes nicht gestatten, und die Sicherung
dieses wichtigen Strassenknotenpunktes nothwendig ist.

d) *Halicz,* ein wichtiger Uebergangspunkt über den Dniester,
dessen Gestaltung zu einem doppelten Brückenkopfe drin-
gend geboten ist.

e) Die übrigen Dniester-Ubergänge und die Strassen über die
Karpathengebirge müssen im Ernstfalle durch passagere An-
lagen geschützt und gesperrt werden, wozu schon im Frieden
die nöthigen Vorbereitungen zu treffen wären.

3. Die Concentrirung der russischen Armeen wird schon
gegenwärtig durch ein vorzüglich angelegtes und zum grossen
Theil fertiges oder im Bau begriffenes Eisenbahnnetz und durch
die schon im Frieden bestehende grosse Anhäufung von Truppen
in Polen erleichtert, wenn auch nicht von einer so überraschenden
Concentrirung, wie bei der deutschen Armee im Jahre 1870 ge-

sprochen werden kann. Der Grund davon ist die Grösse des Landes und die dadurch bedingte Länge der Anmarschlinien.

4. Treffliche Verbündete für eine im eigenen Lande gegen eine Invasion kämpfende russische Armee bilden das strenge Klima; die oft ausgedehnten versumpften und sonst sterilen Flächen; die ärmlichen, weit von einander liegenden Ortschaften; die strenggläubige, leicht fanatisirte Bevölkerung im Inneren des Landes, und die meist sehr beschränkte Wegsamkeit. Aus diesen und anderen Ursachen kann gefolgert werden, dass Russland eigentlich nie in dem Sinne besiegt, am allerwenigsten aber occupirt werden kann, wie dies in Frankreich in den Jahren 1814, 1815 und 1870, in Preussen im Jahre 1806 u. s. w. der Fall war. Es besitzt durch seine geographische Lage einen ähnlichen Vortheil, wie England ihn den andern continentalen Staaten gegenüber besitzt, — die Sicherheit vor einer ausgedehnten Invasion. Wenn aber Russland die Chancen der Unverwundbarkeit mit England gemein hat, so hat es aber diesem gegenübor wieder die Chancen voraus, selbst Schläge austheilen zu können.